DEUTSCH

Rechtschreibung 5. und 6. Klasse
ISBN 978-3-411-05684-2

Rechtschreibung 7. und 8. Klasse
ISBN 978-3-411-05693-4

Grammatik 5. und 6. Klasse
ISBN 978-3-411-71372-1

Grammatik 7. und 8. Klasse
ISBN 978-3-411-71382-0

Diktattrainer 5. Klasse
Mit Audio-CD zum Üben
ISBN 978-3-411-71013-3

Diktattrainer 6. Klasse
Mit Audio-CD zum Üben
ISBN 978-3-411-71023-2

Diktattrainer 7. Klasse
Mit Audio-CD zum Üben
ISBN 978-3-411-71033-1

Diktattrainer 8. Klasse
Mit Audio-CD zum Üben
ISBN 978-3-411-71043-0

Aufsatz/Erzählen
5. bis 7. Klasse
ISBN 978-3-411-05823-5

Aufsatz/Bericht
5. bis 8. Klasse
ISBN 978-3-411-05733-7

Aufsatz/Inhaltsangabe
7. bis 10. Klasse
ISBN 978-3-411-05802-0

Aufsatz/Beschreibung
7. bis 10. Klasse
ISBN 978-3-411-05761-0

Aufsatz/Erörterung
7. bis 10. Klasse
ISBN 978-3-411-05742-9

ENGLISCH

Englisch 5. Klasse
ISBN 978-3-411-71282-3

Englisch 6. Klasse
ISBN 978-3-411-71292-2

Englisch 7. Klasse
ISBN 978-3-411-71302-8

Englisch 8. Klasse
ISBN 978-3-411-71311-0

Englisch 9. Klasse
ISBN 978-3-411-71321-9

Englisch 10. Klasse
ISBN 978-3-411-71331-8

FRANZÖSISCH

Französisch 7. Klasse
ISBN 978-3-411-70241-1

Französisch 8. Klasse
ISBN 978-3-411-70251-0

Französisch 9. und 10. Klasse
ISBN 978-3-411-70261-9

Duden Schülerhilfen

Diktattrainer 8. Klasse

Rechtschreibung und Diktate
mit Methode üben

von Marc Dehoust, Annegret Ising,
Kerstin Kraemer, Holger Moos,
Monika Pfitzner-Göbel und Hans-Jörg Richter

mit Illustrationen von Detlef Surrey

3., aktualisierte Auflage

mit Audio-CD zum Üben

Dudenverlag
Mannheim · Leipzig · Wien · Zürich

Bibliografische Information der Deutschen Nationalbibliothek
Die Deutsche Nationalbibliothek verzeichnet diese Publikation
in der Deutschen Nationalbibliografie; detaillierte bibliografische
Daten sind im Internet über http://dnb.ddb.de abrufbar.

Nach den ab 1. 8. 2006 gültigen Rechtschreibregeln.

 D C B A

Redaktion: Annika Renker, Jürgen Folz
Herstellung: Tobias Kaase
Umschlagkonzept: Bender & Büwendt, Berlin
Umschlagabbildung: Detlef Surrey, Berlin
Satz: Sigrid Hecker, Mannheim
Druck und Bindung: Heenemann GmbH & Co., Berlin
Printed in Germany
ISBN-13: 978-3-411-71043-0
ISBN-10: 3-411-71043-8

Liebe Schülerin, lieber Schüler!

Gehörst du auch zu den Schülern, die bei Diktaten Schwierigkeiten haben? Mach dir nichts daraus, denn schließlich ist noch kein Meister vom Himmel gefallen. Mit dieser „Duden-Schülerhilfe" kannst du jedoch einer werden! Es lohnt sich auch richtig: In der 8. Klasse sind viele deiner Deutscharbeiten Diktate – von ihnen hängt somit ein großer Teil der schriftlichen Note ab. Übe also fleißig mit diesem Buch. Diktate ohne Fehler werden dann für dich bald kein Problem mehr sein.

Wenn du bisher beim Schreiben von Diktaten nicht so erfolgreich warst, kann das mehrere Gründe haben:

- **Diktate machen dir Angst.** Wenn du eigentlich gut gelernt hast und dennoch eine schlechte Note schreibst, dann liegt dies vermutlich an deiner Angst vor Diktaten und du kannst dich verbessern, indem du an deiner Diktattechnik arbeitest. Für dich ist der allgemeine Übungsteil (Seite 9–15) besonders wichtig.
- **Es gibt bestimmte Fehler, die du immer wieder machst.** In diesem Fall musst du einfach sehr viel üben. Dazu sind im zweiten Teil Übungen nach typischen Fehlern beim Lernstoff für die 8. Klasse sortiert. Es gehören immer mehrere Übungen zu einem Übungsblock. Beginne mit der ersten Übung aus dem Übungsblock, in dem du die meisten Fehler machst oder den ihr in der Schule gerade behandelt (und der deshalb Thema des nächsten Diktats sein wird). Arbeite nun die ganze Einheit von vorne bis hinten durch. Aber nie mehr als eine Doppelseite pro Tag!

Noch zwei wichtige **Hinweise zur Rechtschreibung und Zeichensetzung,** damit du gut zurechtkommst:

- Seit dem 1. August 2006 ist die neue amtliche Rechtschreibregelung in der Schule allein verbindlich. Dieser Band folgt dem letzten Stand des amtlichen Regelwerks gemäß dem Beschluss der Kultusministerkonferenz vom März 2006. In einigen Fällen erlauben die Rechtschreibregeln unterschiedliche Schreibweisen eines Wortes und beide sind richtig! In diesem Buch wird an den entsprechenden Stellen auf die Varianten hingewiesen, in den folgenden Übungen und Texten in der Regel aber nur eine Schreibung verwendet, und zwar die von Duden empfohlene Variante.

Vorwort

- In einigen Fällen erlauben die Rechtschreibregeln, dass man ein Komma setzen darf, aber nicht muss. Aus Gründen der Übersichtlichkeit haben wir an diesen Stellen in der Regel ein Komma gesetzt.

In diesem Buch gibt es folgende **Symbole,** die dir die Orientierung erleichtern:

Bei dem Ausrufezeichen findest du **Regeln** oder **Merksätze.**

Mithilfe der **Aufgaben** kannst du die wichtigsten Themen zunächst üben.

Dies ist das Zeichen für ein allgemeines **Testdiktat.**
Es gibt verschiedene Möglichkeiten, ein solches Testdiktat durchzuführen. Am Ende jeder Doppelseite steht ein Diktat, insgesamt gibt es mehr als 40 davon.
Keine Panik, gerade diese große Menge soll dir helfen, die Angst vor einem Diktat in der Schule zu verlieren. Schließlich ist dieses dann ja nur noch eines von vielen.
Wie du mit diesen Texten am besten übst, steht im allgemeinen Übungskapitel.

Dort steht auch ganz genau, wozu die **CD** gut ist und wie man ein **Schleichdiktat** und ein **Partnerdiktat** schreibt.

Dieses Zeichen weist dich darauf hin, dass an dieser Stelle **Fehler** eingestreut sind.

Und nun wünschen wir dir viel Erfolg mit diesem Buch!

Autoren und Redaktion

Allgemeiner Übungsteil

1. Zeichensetzung

2. Groß- und Kleinschreibung

3. Getrennt- und Zusammenschreibung

4. Fremdwörter

5. Gleich und ähnlich klingende Laute

6. Worttrennung

Allgemeiner Übungsteil

Der normale Ablauf

Es gibt Lehrerinnen und Lehrer, die ihren ganz eigenen Stil haben, ein Diktat zu diktieren. Die meisten gehen aber nach einem festen System vor.

A 1 Verbinde die sechs Schritte des Diktates mit den Gründen, weshalb sie gemacht werden, und bringe sie in die richtige Reihenfolge.

nochmaliges Vorlesen des gesamten Textes ☐	○ *Möglichkeit, den Text kennen zu lernen*
Vorlesen des gesamten Textes ☐	○ *Gelegenheit, den Text in überschaubaren Abschnitten zu schreiben*
Zeit zum Kontrollieren und Verbessern ☐	○ *Kennenlernen des ganzen Satzes, um auch seine grammatische Struktur zu verstehen*
Wiederholung von Schritt 2 und 3 durch den ganzen Text ☐	○ *Gelegenheit zu überprüfen, ob man alle Wörter richtig verstanden und aufgeschrieben hat*
Vorlesen eines Satzes ☐	○ *Schreiben des ganzen Textes*
Diktieren dieses Satzes in Teilabschnitten ☐	○ *Möglichkeit, die richtige Schreibung nochmals in Ruhe zu bedenken*

Sollte dein Deutschlehrer doch nach einer anderen Methode verfahren, musst du dich natürlich seinem Stil anpassen. Große Abweichungen wird es jedoch nicht geben.

A 2 Hier findest du Tipps, was man vor, während und nach dem Diktat tun sollte. Aber Achtung! Jeweils ein Tipp ist falsch. Welcher?

○ *Prüfen, ob die Schreibgeräte alle funktionsfähig sind.*
○ *Sichtschutz bauen, damit der Nachbar nicht abgucken kann.*
○ *Überprüfen, ob noch genügend Platz im Heft ist. Im Zweifelsfall ein zweites Heft einstecken.*
○ *Auf die Toilette gehen.*

○ *Platz lassen, wenn man nicht alles verstanden hat und Wörter fehlen.*
○ *Wörter, bei denen man unsicher ist, markieren.*
○ *Schauen, ob der Nachbar auch alles so geschrieben hat wie man selbst.*
○ *Erst gut zuhören, dann schreiben.*

○ *Bloß schnell abgeben, damit man Richtiges nicht doch noch falsch schreibt.*
○ *Wort für Wort beim Vorlesen vergleichen.*
○ *Den Text noch mal Wort für Wort rückwärts lesen, weil man Fehler so besser findet.*
○ *Den Text nochmals gründlich lesen, um zu sehen, ob die Sätze auch alle vollständig und grammatisch richtig sind und einen Sinn ergeben.*

Üben – aber wie?

Schleichdiktat

Bei dieser Methode übst du, dir möglichst lange Abschnitte genau zu merken. Lege den Text dazu ein paar Meter weit weg, sodass du aufstehen und hingehen musst, um ihn lesen zu können. Schreibe dann den folgenden Text auf, indem du zum Text gehst, dir einen Abschnitt merkst, an deinen Schreibtisch zurückkehrst und ihn aufschreibst. Dann musst du dir den nächsten Abschnitt durchlesen, merken und aufschreiben. Am Ende nimmst du den Text wieder mit an deinen Arbeitsplatz und vergleichst ihn mit dem, was du aufgeschrieben hast. Bei dieser Übung kannst du deine Gedächtnisleistung besonders gut überprüfen. Dein Gedächtnis ist gut, wenn du nicht öfter zum Text gehen musstest, als unser Richtwert sagt (Strichliste machen!). Außerdem solltest du dich bemühen, möglichst wenig Zeit dafür aufzuwenden. Aber belüge dich nicht selbst! Es nützt gar nichts, wenn du den Text in drei Gängen und nur fünf Minuten schaffst, aber dafür massenhaft Fehler machst.

Das Alter der Erde

Der Gedanke, dass die Erde eine unvorstellbar weit zurückreichende Vergangenheit hat und dass sie während dieser Zeitspanne große Veränderungen durchmachte, lag den meisten früheren Forschern fern.* Nach biblischer Überlieferung sollte die Erde gerade einmal einige Tausend (auch: tausend) Jahre alt sein.* Die wohl präziseste, wenn auch aus heutiger Sicht völlig absurde Altersbestimmung der Erde* legte der frühere irische Erzbischof James Usher zwischen 1650 und 1654 in seinen „Annalen" vor.* Er datierte die Erschaffung der Erde aufgrund der in der Bibel beschriebenen Ereignisse exakt auf das Jahr 4004 vor Christus.*
Das Bild der belebten Welt war geprägt vom katastrophalen Großereignis der Sintflut.* Sämtliche Lebewesen, die man damals kannte, verdankten demnach ihre Existenz der rettenden Arche Noah.* Sämtliche Ausprägungen der Kontinente sah man als Konsequenz dieser globalen Katastrophe.* Berühmt wurde der Skelettfund eines Riesensalamanders aus dem Zeitalter des Tertiärs in der Nähe des Bodensees.* Der Schweizer Naturforscher Johann Jakob Scheuchzer deutete den Fund 1726 irrtümlich als das Gebein eines bei der Sintflut umgekommenen Menschen.*
Der Gedanke einer sehr langsamen Entwicklung der Erde anstelle eines einzigen Schöpfungsaktes gewann erst für Naturforscher der Aufklärung an Bedeutung. *(184 Wörter)*

Mögliche Zahl der Schleichgänge: Elf

Weitere Texte, die sich gut als Schleichdiktat üben lassen, findest du im ganzen Heft. Sie sind durch das entsprechende Zeichen gekennzeichnet. Die Sternchen (*) zeigen dir die mögliche Länge eines Abschnittes, den du dir merken solltest.

Am eigenen Fehlerschwerpunkt üben

Hast du spezielle Fehlerschwerpunkte? Wenn du das bis jetzt noch nicht weißt, dann solltest du dich nun an die Analyse deiner Fehlerschwerpunkte machen:
Nimm dir deine letzten drei oder vier Diktate vor und mache für jeden Fehler einen Strich in der Tabelle. Wenn du das Gefühl hast, ein Fehler könnte in mehrere Kategorien gehören, so mache ruhig auch an mehreren Stellen einen Strich. Es kommt hier nicht darauf an, möglichst wenig Striche zu machen, sondern festzustellen, in welchem Bereich man die meisten Fehler macht.

Zeichensetzungsfehler	
Groß- und Kleinschreibung	
Getrennt- und Zusammenschreibung	
Fremdwörter	
Verwechslung ähnlicher Buchstaben	
Flüchtigkeitsfehler	
Grammatikfehler	

Wenn du in einer oder mehreren der oberen fünf Spalten besonders viele Striche gemacht hast, so ist es ganz einfach, für dich einen Übungsplan aufzustellen: Nimm dir einfach das entsprechende Kapitel in diesem Heft vor und arbeite es gründlich durch.
Wenn du hauptsächlich Flüchtigkeitsfehler machst, fällt es dir vielleicht besonders schwer, dich zu konzentrieren. Neben Schleichdiktaten helfen dir dann besonders Partnerdiktate, bei denen jemand genau auf dich aufpasst und dich zwingt, jeden Satz genau zu überprüfen. Wie das mit dem Partnerdiktat genau geht, steht auf Seite 14.
Grammatikfehler können verschiedene Ursachen haben. Vielleicht wohnst du in einer Gegend, in der viel Dialekt gesprochen wird. Dann fällt es dir schwerer als anderen, z. B. die richtige Endung zu finden. Vielleicht kannst du manchmal aber auch nicht richtig hören, was dein Lehrer oder deine Lehrerin sagt. Ein Besuch beim Hals-Nasen-Ohren-Arzt kann dir da schnell Klarheit geben. Doch zunächst kannst du üben, indem du Aufgaben wie die auf Seite 13 löst.

Bitte Geschwister oder Freunde, für dich ähnliche Texte zu suchen und zu schreiben oder beim Abschreiben von Texten ähnliche Fehler zu machen, die du dann finden musst.

A 3 Ergänze die fehlenden Wörter im Text.

Die indianischen Wappenpfähle

In den sesshaften Indianergemeinschaften an der nordamerikanischen Pazifikküste entwickelten .... Standesunterschiede zwischen Adeligen, Gemeinfreien und Sklaven. Letztere waren vor .... Kriegsgefangene, aber .... Schuldsklaven, die sich selbst beim Glücksspiel verspielt hatten. Im wörtlichen Sinn herausragende Beispiele .... monumentalen Holzskulptur der amerikanischen Nordwestküste sind die figürlich beschnitzten Baumstämme, die man auch .... dem irreführenden Namen „Totempfähle" kennt. Da .... in bildhafter Form die Vorrechte der örtlichen Adelsfamilien zeigen, ist .... Ausdruck „Wappenpfähle" wesentlich angemessener. Viele von .... beschreiben Mythen, in denen der Ursprung der adligen Privilegien geschildert wird. Sie dienen .... Pfosten im Hausinnern, als große Eingangspfosten, als Grabpfosten oder frei stehende Gedenkpfosten. Die ersten europäischen Besucher der Nordwestküste bekamen allerdings .... wenige solcher Pfähle zu sehen. .... auffallende Zunahme der Wappenpfähle .... 19. Jahrhundert verdankte man dem Import .... Metallwerkzeugen und dem .... den Pelzhandel gestiegenen Reichtum des Adels.

A 4 Ergänze die fehlenden Silben und Satzzeichen (!) im Text.

Eine olympische Tradition

Die erst Spuren der griechischen Leiden für athletische Wettbewerbe find sich in den Heldenepen Homers. Die bedeutendsten Spiele waren die von Olympia. Sie fanden alle vier Jahre im Somm statt, und nich nicht einmal Kriege waren Grund genug, sie ausfallen zu lassen. Es existierte ein Abkomm das den Teilnehmern die ungehinderte Reise durch Krieg führende Länd zusicherte. Den genauen Beginn der Spiele weiß man nicht. Gezählt wurd sie ab 776 vor Christus, als zum ersten Mal die Namen der Spieler aufzeichnet wurden. Anfangs durften an den Spie nur Griechen teilnehmen, Jahrhunderte später auch die wettkampfliebenden Römer. Von Tiberius und Nero weiß man, dass sie persönlich an Wagenrennen genommen haben der auch bei den Zuschauern mit Abstand beliebtesten Disziplin.
„Athlet“ bedeutet wörtlich „Jäger des Preis, und obwohl die offiziellen Preise nur symbolischen Wert besaßen, wurden die Sieger in ihrem Heimatort als Held feiert. Überschüttet mit Geschenken und erheblich finanziellen Zuwendungen, erhielten sie auch frei Kost und Logis bis an ihr Lebensende.

Testdiktat, Partnerdiktat, CD-Diktat

Jetzt wird es Zeit, den Ernstfall zu proben.
Als Text eignet sich eigentlich fast alles, was auf Deutsch geschrieben wurde und den Regeln der neuen Rechtschreibung entspricht. Am leichtesten ist es jedoch, wenn du einfach die Diktattexte nimmst, die du in den entsprechenden Übungsteilen jeweils unten auf der rechten Seite findest. Die Worttrennung bildet eine Ausnahme.
Jetzt brauchst du nur noch jemanden, der dir hilft, indem er dir den Text diktiert. Das kannst du zum Beispiel selber sein: Nimm dir einen Kassettenrekorder und sprich dir den Text selbst auf Band. Achte dabei darauf, dass du zwischen den Sinnabschnitten kleinere Pausen lässt. Hier hältst du später die Kassette an, um den Abschnitt zu schreiben, ehe du dir den nächsten Teil anhörst.

Eine andere Möglichkeit besteht darin, dass du jemanden bittest, dir den Text zu diktieren. Damit bist du noch näher an der Situation, die du aus der Schule kennst.
Du kannst dir von dem Diktierenden aber auch helfen lassen. Das nennt man dann Partnerdiktat, weil dein Partner dich nicht prüfen, sondern dir helfen soll. Während du schreibst, passt er genau auf, was du zu Papier bringst. Am Ende eines Satzes sagt er dir, wenn du einen Fehler gemacht hast. Falls du ihn dann nicht allein findest, gibt er dir einen Tipp. Du kannst ihn bei Unsicherheiten aber auch schon beim Schreiben fragen, wie ein Wort geschrieben wird. So vermeidest du Fehler und prägst dir nichts Falsches ein.
Schließlich hast du die Möglichkeit, mit der beigelegten CD zu arbeiten. Dort haben wir einige der Texte im Heft so aufgesprochen, dass die Sinnabschnitte durch ein Gongzeichen getrennt sind. Immer wenn du es hörst, musst du die Pausentaste drücken und den Abschnitt schreiben. Danach geht es mit dem nächsten Abschnitt weiter.
Auch die Texte, die auf der CD enthalten sind, sind durch ein besonderes Piktogramm gekennzeichnet.
Die Testdiktate empfehlen wir als Selbstdiktat (mit Kassettenrekorder) oder als Fremddiktat (durch Eltern, Geschwister, Freunde …).
Natürlich kannst du auch diese Diktate als Schleichdiktat üben.
Doch egal, welches Diktat du übst und wie du es dir diktierst oder diktieren lässt: Wenn du vorher die Übungen auf der entsprechenden Doppelseite machst, wird es dir viel leichter fallen und du machst weniger Fehler.

Zeichensetzung

Satzschlusszeichen

A 1 Setze nach den folgenden Sätzen die richtigen Satzschlusszeichen!

→ *Zum Ende des Schuljahres wird unser Berufspraktikum stattfinden*
→ *Wenn ich doch nur einen Praktikumsplatz in einer Tierarztpraxis bekäme*
→ *Hast du dich schon einmal bemüht, dort einen Praktikumsplatz zu bekommen*
→ *Ich habe mich an so viele Praxen gewandt und nachgefragt, ob ich dort für drei Wochen arbeiten dürfe*

Wiederhole noch einmal die wichtigsten Regeln zum Thema „Satzschlusszeichen", trage dazu folgende Begriffe in die Lücken ein!

abgeschlossenen – Anfang – Anreden – Aufforderungen – Ausrufe – Ausrufezeichen – Ausrufezeichens – Befehle – Fragewort – Fragezeichen – Personalform des Verbs – Prädikat – Punkt – Punkt – Subjekt – Überschrift – vollständigen – wichtige – Wortstellung

1. ***Ein .... steht am Ende eines .... und .... Satzes, das heißt eines Satzes, der mindestens ein .... und ein .... enthält.*** *(Beispiel: Sie lernt.)* ***Nach einer .... steht kein ....***
2. ***...................., ..., ... und .... werden mit einem .... abgeschlossen. Darüber hinaus kann man auch besonders .... Aussagen durch den Gebrauch eines .... hervorheben.***
3. ***Es gibt zwei Arten von Fragen, die einen werden durch ein .... eingeleitet und die anderen erkennt man an der .... Am .... dieser Fragen steht nämlich die .... Beide Arten von Fragen werden durch ein .... abgeschlossen.***

2 Zu jeder Einheit gehören ein Aussage-, ein Frage- und ein Ausrufe- bzw. ein Aufforderungssatz.
Ergänze die fehlenden Satzschlusszeichen und den fehlenden Satz!

1. a) *Schließlich habe ich mich entschlossen, in fünf Praxen anzurufen*
b) *Jedes Mal habe ich gesagt: „Ich muss unbedingt in einer Tierarztpraxis arbeiten“*
c) ______________________________

2. a) *In der fünften Praxis wurde ich zu einem Vorstellungsgespräch eingeladen*
b) ______________________________
c) *Welche Fragen würde mir meine neue Chefin wohl stellen*

3. a) *„Hast du Erfahrung im Umgang mit Tieren“*
b) *„Du musst bei allen Arbeiten, die hier gemacht werden, mithelfen. Auch bei Operationen“*
c) ______________________________

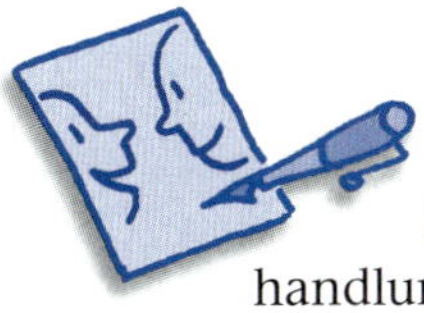

Das Praktikum

Das Praktikum bei einer Tierärztin, die sich auf die Zahnbehandlung von Tieren spezialisiert hatte, war eine interessante Erfahrung. Weißt du, wie abwechslungsreich die Arbeit in einer Tierarztpraxis ist? Morgens sind wir herumgefahren und haben kranke Tiere besucht und nachmittags wurden die Kleintiere in der Praxis behandelt. Tiere an den Zähnen zu behandeln, ist nicht immer leicht! Die Ärztin musste manchmal lange beruhigend auf die Tiere einreden, bevor sie ihnen eine Spritze setzen konnte. Kannst du dir vorstellen, dass auch Tiere es als unangenehm empfinden, wenn ihre Zähne poliert werden und der Zahnstein entfernt werden muss? Die Ärztin erklärte den besorgt dreinblickenden Besitzern immer ganz genau, was sie machte. Manchmal zog sie den Tieren einen Zahn. Und wenn es notwendig war, passte sie Hunden oder Katzen sogar eine Zahnspange an. Was war ich erstaunt, als ich das zum ersten Mal sah! Kannst du dir vorstellen, wie ungläubig meine Freundinnen und Freunde geguckt haben, als ich ihnen davon berichtete? Ich fand, dass es wirklich eine spannende Zeit in der Tierarztpraxis war. Wenn ich dort doch nur eine Lehrstelle bekommen könnte! *(180 Wörter)*

Komma bei Aufzählungen

A 3 Setze aus den folgenden Wörtern die Regel zur Kommasetzung bei Aufzählungen wieder richtig zusammen.

„oder" - Aufzählungen - einzelnen - sind - durch - ein - „und" - steht - Bei - Wörter - nicht - die - Komma - ein - immer - oder - verbunden - Wortgruppen - wenn - oder

Besonderheit: ***Zwischen Adjektiven, von denen das erste die folgende Fügung näher bestimmt, steht kein Komma!***

Füge die beiden Sätze jeweils zu einem Satz zusammen, achte auf die richtige Zeichensetzung!

1. Unsere alte Schülerbücherei soll in eine Mediothek umgewandelt werden.
   → Die alte Schülerbücherei wurde von Frau Heinz eingerichtet.
   → Die neue Mediothek soll modern und benutzerfreundlich sein.
2. Alle Jugendromane erhalten eine neue Signatur.
   → Auch die Sachbücher und Lexika werden neu signiert.
3. Kassetten werden auch in den Bestand der Mediothek aufgenommen.
   → Darüber hinaus werden auch CDs und CD-ROMs eingestellt.
4. Natürlich kann man demnächst auch die aktuellen Computerspiele für zwei Tage ausleihen.
   → Die aktuellen Computerspiele sind immer heiß begehrt.

4 Setze die fehlenden Kommas!

Um Geld für Neuanschaffungen zu bekommen, veranstalten wir einen Bücher-Flohmarkt, auf dem wir alte uninteressante Bücher günstig verkaufen wollen. Schon seit einiger Zeit haben wir in der ganzen Schule auffällige farbige Plakate dafür aufgehängt. Besonders Kinderbücher Jugendromane und veraltete Sachbücher bieten wir zu einem Spottpreis an. Wir haben auch um Bücher- CD- und Kassettenspenden gebeten. Zuerst schauen wir, ob wir spannenden unterhaltsamen Lesestoff für unsere Mediothek finden, ansonsten bieten wir die Bücher zu attraktiven günstigen Preisen auf dem Flohmarkt an. Den Zustand von Comics Reiseführern und Kochbüchern untersuchen wir erst ganz genau, bevor wir sie annehmen. Natürlich werden wir in den kommenden Jahren zum Schulfest immer unsere interessantesten aktuellen Neuanschaffungen präsentieren.

Unsere neue Mediothek

Unsere neue Mediothek soll allen Schülerinnen und Schülern, Lehrerinnen und Lehrern und auch den Eltern zur Verfügung stehen. An fünf Computerarbeitsplätzen wird es einen Zugang zum Katalog unserer Mediothek, zum Katalog der Stadtbibliothek und zum Internet geben. Unterschiedliche Lernsoftware für die Fächer Englisch, Deutsch und Mathematik wird dort auch zur Verfügung gestellt. Zettel mit Vorschlägen für neue aktuelle Bücher können in eine Wunschbox eingeworfen werden.

Weil der Raum möglichst oft geöffnet sein soll, wechseln sich die Lehrerinnen und Lehrer und die Schülerinnen und Schüler der 10 a, b, c und d ab. Eine halbe Stunde vor Schulbeginn, in den Pausen und zwei Stunden nach Schulschluss ist die Mediothek immer geöffnet.

Die Lokalzeitungen, überregionale Tageszeitungen und monatlich oder wöchentlich erscheinende Magazine können in der Leseecke studiert werden.

Im Internet kann man natürlich in fast allen weltweit erscheinenden Zeitungen lesen. Wenn jemand ein Buch aus der Stadtbibliothek benötigt, kann er es per Computer bestellen. Montags, mittwochs und freitags kommt der Bücherbus vorbei und liefert die bestellten Bücher oder CDs ab. Für verlorene, beschädigte oder verschmutzte Medien muss – wie üblich – der volle Preis bezahlt werden. *(185 Wörter)*

Komma bei Konjunktionalsatz 1

A 5 Unterstreiche im folgenden Text alle Konjunktionalsätze und setze die fehlenden Kommas!

Als uns unsere Lehrerin neulich fragte was denn der Unterschied zwischen Protestanten und Katholiken sei haben wir uns alle fragend und mit den Achseln zuckend angeschaut. Weil Imke sowohl schon einmal in einem evangelischen Gottesdienst als auch in einer katholischen Messe war konnte sie berichten dass die Pfarrer unterschiedlich gekleidet sind. Während wir weiter überlegten schlug Niclas vor sich im Internet zu informieren. Nachdem wir in der Suchmaschine unsere Stichwörter eingegeben hatten wurden so viele Verweise angegeben dass sich jede Gruppe eine bestimmte Anzahl aussuchte und genauer recherchierte. So können wir hinterher unsere Erkenntnisse zusammentragen wenn jede Gruppe ihre Aufgabe erledigt hat.

Setze die folgenden Begriffe richtig in die Regelformulierungen ein und präge dir die Regelsätze gut ein:

Komma – paariges Komma – Konjunktionalsätze – Personalform des Verbs – Ende – Nebensätzen – unterordnende

Was haben Konjunktionalsätze mit allen anderen Nebensätzen gemeinsam?

***Bei allen** .... **steht die** ....*

*.................. **am** .... **des Satzes und alle Nebensätze***

werden durch ein** .... **– wenn sie eingeschoben sind, durch ein

*... **– vom Rest des Satzes abgetrennt.***

Was unterscheidet Konjunktionalsätze von anderen Nebensätzen?

*.......................... **werden durch** .... **Konjunk-***

tionen** (dass, weil, obwohl, als, wenn, sodass etc.) **eingeleitet.

Luther

Als wir uns mit Luthers Leben befassten, haben wir festgestellt, dass er ein ganz interessanter Mann war. Luthers Eltern hatten ihren Sohn eigentlich zur Lateinschule geschickt, damit er später einmal Jurist werden würde. Weil ihr Sohn jedoch andere Interessen hatte, entschloss er sich zum Studium der Theologie und trat auch in ein Kloster ein. Da Luther während seines Studiums erkannte, dass vieles in der Kirche nicht in Ordnung war, forderte er Veränderungen in der Kirche.

Luther wurde berühmt, nachdem 1517 seine Forderungen nach Veränderungen in der Kirche bekannt geworden waren. Obwohl früher immer behauptet wurde, dass Luther seine 95 Thesen an die Wittenberger Schlosskirche genagelt habe, weiß man heute, dass seine Freunde sie ohne sein Wissen verbreitet haben.

Einige Jahre später wurde Luther sogar aus der Kirche ausgeschlossen, weil seine Ansichten als Irrlehre verurteilt worden waren. Damit ihm jedoch niemand etwas antun würde, ließ ihn sein Landesherr zum Schein entführen und auf die Wartburg bringen. Dort verbrachte Luther so viel Zeit, dass er die Bibel ins Deutsche übersetzt hat. Weil nun alle Leute die Bibeltexte verstehen konnten, stieß Luthers Bibelübersetzung auf großes Interesse. *(184 Wörter)*

Komma bei Konjunktionalsatz 2

A 6 Verknüpfe die folgenden Sätze zu sinnvollen Satzgefügen und schreibe sie in dein Heft, achte auf die Zeichensetzung.

Wir führen zurzeit das „Projekt: Schülerzeitung" durch. – *Alle in unserer Klasse schreiben zu unterschiedlichen Themen.*

Thea hat sich über mehrere Themen informiert. – *Sie hat sich entschieden, eine Reportage über eine Frau als Kraftfahrzeugmeisterin zu machen.*

Julian wird über das Leben einer Artistenfamilie in einem Zirkus berichten. – *Gerade ist ein berühmter Zirkus in der Stadt.*

Marie begleitet nach der Schule eine Streetworkerin. – *Sie möchte etwas über das Leben der Straßenkinder in unserer Stadt erfahren.*

Einige haben ihre Themen gar nicht verraten. – *Wir sind auf die fertige Zeitung ganz schön gespannt.*

Ich werde mir einen Traum erfüllen und über unseren kleinen Flugplatz berichten. – *Ich war vom Fliegen schon immer fasziniert.*

A 7 Ersetze in den folgenden Satzgefügen die falsche durch die richtige Konjunktion und schreibe die Satzgefüge in dein Heft, achte auf die Zeichensetzung!

1. *Zuerst habe ich mich über die Geschichte der Fliegerei informiert, obwohl ich in meinen Artikel auch ein paar geschichtliche Daten einfließen lassen konnte.*
2. *Als die Menschen zu allen Zeiten von der Fortbewegung in der Luft träumten, wurden schon in der Antike fantastische Geschichten über das Fliegen erzählt.*
3. *Zum Beispiel die Geschichte von Ikarus und Dädalus: Weil Dädalus seinen Sohn davor gewarnt hatte, mit den mit Wachs verklebten Federn nicht zu nah an die Sonne zu kommen, wagte sich Ikarus dennoch in gefährliche Höhen hinauf und stürzte ab.*
4. *Obwohl es den Brüdern Montgolfier 1783 gelungen war, mit ihrem Heißluftballon in die Lüfte aufzusteigen, nahm die moderne Luftfahrt langsam ihren Lauf.*

5. *Ein weiteres Kapitel der Luftfahrt wurde eingeläutet, damit Graf Zeppelin im Jahre 1900 den ersten Probeflug mit seinem Luftschiff LZ 1 machte.*

Ein spannendes Abenteuer

Bevor ich zum Flughafen ging, rief ich dort an.* Damit ich alles Wichtige über den kleinen Hobbyflughafen erfahren würde, verabredete ich mich mit der Leiterin des Flughafenvereins.* Als ich am Freitagnachmittag ankam, erteilte sie gerade einem kleinen Motorflugzeug die Starterlaubnis.* Da meldete der Pilot ein technisches Problem, sodass er seinen Start verschieben musste. Weil ich alles mitbekommen hatte,* bot mir die Leiterin an, mit mir zu dem Flugzeug zu gehen und mir alles genau zu erklären. Nachdem wir dort angekommen waren,* durfte ich sogar auf dem Kopilotensitz Platz nehmen. Während ein Techniker nach dem Fehler suchte, erklärte mir die Leiterin die Schwierigkeiten beim Start und bei der Landung.* Sie konnte alles sehr gut erläutern, da sie selbst auch als Fluglehrerin arbeitete. Wenn ich am Samstag Zeit hätte,* würde sie mich bei einer Flugstunde mitnehmen, bot sie mir an. Ich sagte sofort zu, weil ich damit den passenden Aufmacher für meinen Artikel hatte.* Als ich am Samstag zum Flughafen kam, war ideales Wetter.* Im kleinen Flugzeug über unsere Stadt zu fliegen war ein beeindruckendes Erlebnis, obwohl mir bei der Landung doch ganz schön übel war. *(187 Wörter)*

Zehnmal schleichen sollte reichen!

Komma bei Relativsatz

A 8 Verbinde die beiden Hauptsätze jeweils zu einem Satzgefüge mit einem Relativsatz!

- *Mein Bruder singt schon lange in einem Chor.*
  Früher habe ich über meinen Bruder immer gelacht.
- *Wenn er donnerstags zur Probe musste, habe ich mich gemütlich vor den Fernseher gesetzt.*
  Er fuhr bei Wind und Wetter zur Probe.
- *Irgendwann haben mich meine Eltern dann jedoch mit zu einem Konzert geschleppt.*
  Bei diesem Konzert hat unter anderem auch der Chor meines Bruders gesungen.

Beantworte folgende Fragen und präge dir die Regelformulierungen gut ein:

- **Welche Funktion haben Relativsätze in einem Satz?**

Relativsätze bestimmen ein v..........g.............. N.................. oder P................. näher!

- **Woran erkennt man Relativsätze?**

Relativsätze werden durch ein R...........p............... eingeleitet und durch ein K.................... – wenn sie eingeschoben sind, mit paarigem K.................... – vom übrigen Satz abgetrennt!

A 9 Zu welchem Nomen oder Pronomen gehören die Relativsätze? Schreibe die Sätze vollständig in dein Heft, achte auf die Zeichensetzung!

Der Chor hat Gospels und Spirituals vorgetragen ◁	▷ *die sich von ihren Plätzen erhoben hatten*
Vorher hatte ich mir darunter Kirchenlieder vorgestellt ◁	▷ *in dem mein Bruder mitgesungen hat*
Schließlich probte der Chor auch in einem Kirchenraum ◁	▷ *die der Chor vorgetragen hat*
Die Lieder haben mir gut gefallen ◁	▷ *die bestimmt ziemlich unmodern sind*
Aber nicht nur die Musik, sondern auch die gute Stimmung hat mich mitgerissen ◁	▷ *die der Chor ausstrahlte*
Am Ende klatschten alle Zuhörerinnen und Zuhörer begeistert Beifall ◁	▷ *den sie umsonst zur Verfügung gestellt bekommen hatten*

Die erste Probe

Als ich dann mit meinem Bruder, von dem ich schon einiges über den Chor erfahren hatte, gemeinsam zur Probe kam, war ich ganz erstaunt, dass wir uns erst einsingen mussten. Komische Zischlaute, die zur Bildung unserer Stimme beitragen würden, sollten wir aus dem Bauch heraus hervorbringen. Zunächst einmal musste ich über die Sängerinnen und Sänger, deren Konzentration man an ihren Gesichtern ablesen konnte, herzlich lachen. Deshalb erklärte mir meine Nachbarin, der diese Übungen offensichtlich Spaß machten, dass man nach diesem Einsingen wirklich besser singen könne. Ich habe mich dann gefreut, dass die beiden neuen Lieder, die in dieser Probe einstudiert werden sollten, tolle Melodien und einen eingängigen Rhythmus hatten. An den Stellen, die ich schwierig zu singen fand, habe ich am Anfang zurückgehalten. Nach mehrmaligem Üben, das manchmal ganz schön nervig war, habe ich mich dann jedoch getraut, laut mitzusingen. Gut gefallen hat mir auch die Pause, die leider nur eine Viertelstunde dauerte. Ich habe viele Chormitglieder, die mich sofort ansprachen, kennengelernt. Eine, die in der nächsten Woche ihren Geburtstag feiern wollte, hat mich sogar zu ihrer Party eingeladen. *(182 Wörter)*

Komma bei indirektem Fragesatz

A 10 Wiederhole noch einmal, was du über „indirekte Fragen“ weißt!

	direkte Frage	indirekte Frage
eingeleitet durch	*Fragewort*	
	Personalform des Verbs	
Wortstellung	*Personalform des Verbs am Anfang*	
	Personalform des Verbs an zweiter Stelle	
Modus	*Indikativ*	
Zeichensetzung	*Anführungszeichen*	
	Komma zwischen wörtlicher Rede und Begleitsatz	

A 11 Entscheide, ob die folgenden indirekten Fragen mit „ob“ oder mit einem Fragewort eingeleitet werden, und setze die Frageeinleitungen und die fehlenden Kommas ein!

- → *Letzte Woche wollte unsere Lehrerin wissen* .... *Berufe wir kennen würden.*
- → *Außerdem interessierte sie* .... *wir genau über die einzelnen Tätigkeiten Bescheid wüssten.*
- → *Natürlich fragte sie auch* .... *wir unser Wissen hätten.*
- → *Zum Schluss erkundigte sie sich* .... *schon einen konkreten Berufswunsch hätte.*
- → *Einige Mitschülerinnen und Mitschüler fragten nach* .... *man sich über die unterschiedlichen Berufe näher informieren könnte.*

A 12 Wandle die direkten Fragen in indirekte Fragen um, achte auf eine abwechslungsreiche Wortwahl und auf die Zeichensetzung.

- *„Habt ihr schon einen konkreten Berufswunsch?“*
- *„Ist euch der Verdienst wichtig?“*
- *„Wie wichtig ist euch eine geregelte Arbeitszeit?“*
- *„Würdet ihr für eine Stelle auch in eine weit entfernte Stadt ziehen?“*
- *„Welche Rolle spielen Aufstiegs- und Karrierechancen bei eurer Berufswahl?“*
- *„Geht ihr gerne mit Menschen um oder seid ihr eher Schreibtischhocker?“*
- *„Könnt ihr Kunden zum Kauf eines bestimmten Produkts motivieren?“*
- *„Seid ihr körperlich fit und würde euch schwere körperliche Arbeit nichts ausmachen?“*

Landwirtschaft mal anders

Weil meine Cousine vom Bauernhof kommt und später mal bei einer großen Saatgutfirma arbeiten möchte, habe ich sie gefragt, ob ich sie über ihre Ausbildung zur landwirtschaftlich-technischen Assistentin befragen könne. Ich stellte ihr die Frage, welche Aufgaben zu ihrer Arbeit gehörten. Sie antwortete mir gerne. Allerdings war sie sich nicht sicher, ob mir Schlagwörter wie Boden- und Düngemitteluntersuchungen und Experimente in der Pflanzenproduktion etwas sagten. Ich fragte nach, ob sie sowohl im Labor als auch im Gewächshaus oder auf dem freien Feld arbeite. Außerdem interessierte mich, ob sie manchmal auch mit giftigen Stoffen zu tun habe. Natürlich erkundigte ich mich auch, wie ihr die Arbeit im Labor gefalle. Ich wollte genau wissen, ob es nicht manchmal schwierig sei, die unterschiedlichen Apparaturen zu bedienen. Meine Cousine fragte zurück, wann ich sie mal im Labor besuchen wolle. Neugierig hakte ich nach, ob sie mir dann auch ein Experiment vorführen könne. Sie erkundigte sich, ob ich mit der Untersuchung von Milch auf die Schadstoffbelastung zufrieden sei. Zum Schluss fragte ich sie noch, ob sie mir nicht eine neue Pflanze, an deren Züchtung sie beteiligt ist, zeigen könne. *(185 Wörter)*

Komma bei Infinitivgruppen

A 13 Wiederhole noch einmal die Regelsätze zum Thema „Komma bei Infinitivgruppen“!

Bei Infinitivgruppen musst du in folgenden Fällen ein Komma setzen:

1. ***Die Infinitivgruppe wird mit als, [an]statt, außer, ohne, um eingeleitet.***
2. ***Die Infinitivgruppe hängt von einem Nomen (Substantiv) ab*** *(z. B. Sie gaben sich große Mühe, die Äcker zu bebauen).*
3. ***Die Infinitivgruppe wird durch einen Hinweis angekündigt*** *(z. B. durch „dazu“ oder „es“)* ***oder durch ein folgendes Wort wieder aufgenommen*** *(etwa durch „das“ oder „darum“).*
4. ***Bei allen anderen Infinitivgruppen brauchst du kein Komma zu setzen – aber du darfst es, wenn du willst.***

Unterstreiche die Infinitivgruppen in den folgenden Sätzen und entscheide, ob du ein Komma setzen musst oder nicht, und begründe deine Entscheidung!

Als Vorbereitung auf unser Praktikum haben wir uns mit der Geschichte der Arbeit beschäftigt.

→ In der Jungsteinzeit benutzten die Menschen Werkzeuge aus Stein um ihre Arbeiten zu verrichten.

→ Die Männer waren dazu übergegangen an ihren Pfeilen Spitzen aus Feuerstein zu befestigen.

→ Für die Frauen war es durch die Verwendung von Mahlsteinen möglich das Korn zu mahlen.

→ Auf den kleinen Äckern in der Nähe der Siedlung pflegten die Frauen und Männer mit gezähnten Feuersteinschneiden das Getreide zu schneiden.

→ Die Männer gaben sich beharrlich Mühe Baumstämme mit Steinbeilen zu bearbeiten und zu zerkleinern.

14 Bilde aus den angegebenen Nomen und Infinitiven sinnvolle Infinitivgruppen, schreibe den Text auf und entscheide, ob du ein Komma setzen musst oder nicht!

Berufe ↔ *kennen* Erkenntnisse ↔ *gewinnen*
Bäckerei ↔ *ausgraben* Mahlsteine ↔ *bewegen*
Mahlsteine ↔ *drehen* solch monotone Aufgaben ↔ *verrichten*
viele einfache Tätigkeiten ↔ *mit den Händen erledigen*

→ Die Römer scheinen schon viele …
→ Sowohl aus antiken Berichten als auch von Wandmalereien oder Ausgrabungen kann man versuchen …
→ In Pompeji ist es Wissenschaftlern gelungen …
→ Dort hatten Sklaven die Aufgabe …
→ Sie waren den ganzen Tag gezwungen mit Holzbalken, die in die Ränder gesteckt wurden …
→ Zahlreiche Sklaven hatten ihr Leben lang das Los …
→ Auch während des ganzen Mittelalters waren es die Menschen gewohnt …

Test

Arbeit in der Zukunft

Sich zu überlegen, wie Arbeit und Freizeit in der Zukunft aussehen könnten(,) ist eine spannende Sache. Werden wir gezwungen sein(,) immer mehr zu arbeiten oder werden wir den Luxus genießen können(,) mehr Freizeit zur Verfügung zu haben? Werden die Menschen sich an den Gedanken gewöhnen(,) nur noch die Hälfte des Jahres zu arbeiten? Oder müssen sie die andere Hälfte dazu nutzen, sich weiterzubilden? Vielleicht haben die Menschen in Zukunft ausreichend Geld und Zeit, mehrere Wochen im Jahr ferne Länder zu bereisen und fremde Kulturen kennenzulernen. Mein Traum wäre es, in einem hellen, von der Sonne durchfluteten Büro zu arbeiten. Der Gedanke, mit allen meinen Kolleginnen und Kollegen über Internet verbunden zu sein, fasziniert mich. Wenn ich keine Lust hätte, ins Büro zu gehen, würde ich mich zu Hause an den Computer setzen. Etwas Schöneres, als sich die Arbeit selbst einteilen zu können, gibt es nicht. Die Möglichkeit, auch noch abends spät zu arbeiten und tagsüber etwas anderes zu machen, ist sehr verlockend. Ich könnte, ohne meinen Arbeitgeber davon zu informieren, längere Pausen machen und mich mit Freunden treffen. *(182 Wörter)*

Anführungszeichen bei wörtlicher Rede

A 15 Markiere in den folgenden Sätzen die wörtliche Rede rot und die Begleitsätze blau und setze die fehlenden Satzzeichen!

→ *Sollen wir nicht unseren nächsten Wandertag planen fragte unsere Klassensprecherin in der letzten großen Pause.*

→ *Lisa war sofort Feuer und Flamme Ich würde gerne in einen Freizeitpark fahren.*

→ *Aber eine schöne Städtetour versuchte Maximilian die anderen zu überzeugen kann auch sehr interessant sein.*

→ *Immer diese Bildungstrips stöhnte Sophia.*

A 16 Setze aus den folgenden Satzstücken wieder einen richtigen Text zusammen, schreibe ihn auf und ergänze die fehlenden Satzzeichen!

machen oder möchtest du mit uns gar nichts	erklang es gleichzeitig aus mehreren Ecken.	ihre Hintergedanken und fragte deshalb: Suchst du	nennen? In einem Freizeitpark, warf Lisa sofort werbend	einmal sein Glück, da können wir auch ruhig mal	eine gute Stadt- oder Museumsführung machen. Streber!
einer Städtetour könnten wir	unserem Klassenlehrer Geschichte. Ihr habt euch anscheinend	Dann brauchen wir ja nur noch abzustimmen	Willst du einen Ausflug mit der ganzen Klasse	zu investieren? Außerdem ist es ja	ihn und fragte: Können wir nicht
auch ein Schulausflug, versuchte Maximilian noch	schon auf zwei Alternativen geeinigt	natürlich auch noch einkaufen. Jan kannte	erst noch einmal die einzelnen Argumente	mal wieder nach einer Gelegenheit, dein Geld in CDs	Fabian ein, so schnell geht es
ein, kann jeder machen, wozu er Lust hat.	**In der nächsten Stunde hatten wir bei**	zu tun haben?, hielt Julia dagegen. Bei	aber nun doch nicht! Sarah unterstützte	Moment einmal, warf	stellte er zufrieden fest.

Im Freizeitpark

„In einen Freizeitpark zu fahren, war auf jeden Fall die richtige Entscheidung“, sagte Rebecca zu ihrer Nachbarin im Bus. „Besonders bei diesem guten Wetter!“, bekräftigte diese. Florian fragte: „Was machen wir denn zuerst?“ Pascal war ganz erstaunt. „Warst du denn noch nie hier?“ „Das Tollste hier“, erklärte er sofort, „ist die Wildwasserbahn.“ „Damit man dort nicht so lange anstehen muss“, schaltete sich Lena ein, „sollte man morgens dorthin gehen.“ Sie fügte hinzu: „Dann sind noch nicht so viele Besucher im Park.“ „Ich möchte als Erstes in die Delfinshow“, sagte Marvin. Philip stimmte ihm zu: „Es ist wirklich beeindruckend, was diese Tiere alles können.“ „Eine Fahrt mit der Geisterbahn“, schlug Paula vor, „sollten wir aber auch machen.“ „Die Effekte sind manchmal so gruselig, dass ich mich wirklich erschrecke“, gab Moritz ehrlich zu. Alina tat ganz cool: „Also ich finde das kindisch. Ich werde auf jeden Fall zur Gokartbahn gehen und dort über die Piste jagen“, verkündete sie, auf Bewunderung hoffend. Jonas dachte nur ans Essen: „Gibt es hier denn auch ein vernünftiges Hamburgerrestaurant?“ „Na klar!“, sagte Sarah, die ihn sofort begleiten wollte. *(183 Wörter)*

Anführungszeichen bei Zitaten

A 17 Bei der folgenden Regelformulierung hat der Computer mal wieder verrückt gespielt und einzelne Wörter vertauscht. Sicher findest du heraus, wie der richtige Text heißen muss.

Zitate sind Teile aus anderen Texten. Wenn man wörtliche Übernahmen aus geschriebenen oder gesprochenen Texten schreibt und dabei einen Text übernimmt, darf man das mit Anführungszeichen kenntlich machen. Das Zitat selbst muss dabei nicht verändert werden.

Marvin hat für das Zeitungsprojekt ein Interview mit der Schulsekretärin geführt. Hier seht ihr das, was er sich während des Interviews aufgeschrieben hat.

Frau Heinz

- Ich bin ein bisschen aufgeregt, das Gespräch mit dir ist nämlich mein erstes richtiges Interview.
- Als die Stelle hier an der Schule ausgeschrieben war, hatte ich eigentlich einen geruhsamen Job beim Bauamt.
- Worauf ich mich besonders gefreut habe, das war das weitgehend selbstständige Arbeiten und der Kontakt zu den Jugendlichen.
- In den letzten Wochen der Sommerferien müssen alle Klassenlisten neu erstellt oder überarbeitet werden.
- Ich fühle mich an dieser Schule wirklich sauwohl, vor allem die jährlichen Schulfeste sind für mich immer wieder ein tolles Erlebnis.

Für die Zeitung fasst er das Interview zusammen. Um seinen Beitrag möglichst lebendig zu gestalten, lässt er viele Zitate einfließen. Ergänze die fehlenden Passagen:

Frau Heinz, die nun schon neun Jahre an unserer Schule ist, hat mir letzte Woche ihr .... gegeben. Als die

Stelle an unserer Schule ausgeschrieben war, hat sie sich, die ....

.... hatte, entschlossen, in die Schule zu gehen. Neben dem selbstständigen Arbeiten hat sie besonders der .... gereizt.

Leider hat sie nicht so lange Ferien wie wir, weil gerade vor Beginn des neuen Schuljahrs ....

.... müssen. Insgesamt fühlt sie sich an unserer Schule jedoch ...., besonders die jährlichen Schulfeste sind für sie ....

Aylin hat mit dem neuen Lehrer an der Schule ein Interview geführt, das sie zusammengefasst hat:*

Herr Stecher sitzt mir in unserer Cafeteria gegenüber und isst, „um etwas für seine Figur zu tun", genüsslich ein Stück Bienenstich.* Auf den ersten Blick sollte man gar nicht meinen, dass dieser entspannt wirkende Mann nach eigenen Angaben „meistens eher Hummeln im Hintern" hat.* Neben seiner normalen Lehrertätigkeit leitet er noch die Theater-AG und organisiert für die Schülerinnen und Schüler Fahrten zu „guten Theaterinszenierungen" in der Umgebung.* In seiner Freizeit ist er als Fußballschiedsrichter tätig. Am Wochenende pfeift er Bezirksliga-Spiele* und lernt dabei, wie er selbst sagt, „die schönsten Ecken unserer Region kennen".* Außerdem spielt er in einer Kabarettgruppe, die „sich hauptsächlich aus Freude am gemeinsamen Spielen" zusammengefunden hat.* Vielleicht können wir ihn ja demnächst auch einmal in unserer Schule in seiner „Paraderolle als Wolfgang-Petri-Imitator" bewundern.* Schon während seines Studiums hat er „auf Partys das Publikum begeistert".*

An der Schule gefallen ihm besonders die Klassenfahrten in Freizeitparks, „weil dort alle Kids zufrieden sind".* Seinen Urlaub verbringt der gebürtige Sauerländer am liebsten mit „ausgedehnten Bergtouren in schwindelnden Höhen". *(183 Wörter)*

Elfmal schleichen sollte reichen.

Gemischte Übungen

A 18 Unterstreiche in den folgenden Satzgefügen die Konjunktionalsätze und setze die fehlenden Kommas!

- Als wir in der Schule von unserer geplanten Tour berichtet haben wurden einige neidisch.
- Nachdem viele interessiert nachgefragt hatten haben wir beschlossen dass wir nach unserer Rückkehr eine Diashow veranstalten.
- Natürlich haben wir uns alle Adressen aufgeschrieben damit wir jedem und jeder eine Ansichtskarte schreiben konnten.
- Da wir zu sechst unterwegs waren war es auch kein Problem interessante lustige Karten zu schreiben.
- Die Daheimgebliebenen haben sich anscheinend öfter getroffen sodass alle auch über die Texte der anderen Karten informiert waren.

A 19 Setze in den folgenden Sätzen die fehlenden Kommas und begründe stichwortartig, warum an diesen Stellen ein Komma stehen muss!

„So eine tolle Tour müssten wir jedes Jahr einmal machen" haben wir zwischendurch immer wieder gesagt.

Besonders gut gefallen haben uns die Campingplätze die mitten im Grünen lagen.

Bei gutem Wetter zu zelten das ist wirklich eine schöne Sache.

Natürlich muss man jeden Morgen das Zelt den Rucksack und die Isomatte auf dem Fahrrad verstauen.

Weil nicht jede ein Zelt brauchte das doch relativ schwer ist hatten die anderen Platz für Nahrungsmittel.

Meine Aufgabe war es ausreichend Wasserflaschen mitzunehmen.

Die Radtour

Weil wir für die erste Etappe nur knapp 50 Kilometer eingeplant hatten, sind wir am ersten Tag erst gegen Mittag aufgebrochen. Strahlend blauer Himmel, ein leichter kühlender Wind und unsere gute Laune motivierten uns, kräftig in die Pedale zu treten. So erreichten wir viel schneller als geplant unseren ersten Campingplatz, auf dem wir einen schönen Stellplatz bekamen. Natürlich waren wir im Zeltaufbauen noch nicht so geübt, sodass wir relativ lange benötigten. Danach haben wir uns gegenseitig, ohne unsere Radkleidung auszuziehen, in den Swimmingpool geworfen. Am Abend haben wir auf unseren Kochstellen Nudeln gekocht, bevor wir uns noch in einer nahe gelegenen Disco vergnügt haben. Natürlich sind wir am nächsten Morgen trotzdem früh aufgestanden, damit wir unsere Tagesetappe bewältigen konnten. Lea schien von unserem Discobesuch noch ein wenig angeschlagen zu sein. Hast du schon mal eine Schlafwandlerin auf einem Fahrrad gesehen? Erst in der Mittagspause begann sie, sich langsam zu erholen. Am Abend haben wir es dann zum ersten Mal gewagt, frischen, gut gewürzten Fisch zu grillen. Eine wahre Delikatesse! Da einige von uns schon ihren ersten Muskelkater hatten, haben wir uns am nächsten Tag ausgeruht. *(186 Wörter)*

Groß- und Kleinschreibung

Aus Nomen entstandene Wörter

A 1 Zu jedem der fett gedruckten Nomen findet sich in diesem Text ein entsprechendes denominalisiertes Wort. Unterstreiche diese Wörter und trage sie in die Regelformulierung ein.

Aus **Trotz** blieb Lina diesmal in ihrem Versteck und gab keinen **Laut** von sich, denn Vater hatte sein am **Morgen** gegebenes Versprechen trotz mehrfacher Erinnerung noch nicht eingelöst.

Es gab anfangs ein paar Probleme, aber dank seiner Fahrtechnik gewann Henrik das Seifenkistenrennen doch noch.

Im **Angesicht** des Todes kehren viele in gewissem **Maße** zum Glauben zurück.

Das Haus war laut Gutachten, welches morgens in der Post gelegen hatte, 346 Jahre alt. Die Aufnahme in das Denkmalschutzprogramm war rechtens.

Am **Anfang** fuhr Tim etwas verhalten auf dem neuen **Paar** Schlittschuhe, was er angesichts der scharfen Kufen zu **Recht** tat.

Nur dieses eine **Mal** habe ich für Nora die Hausaufgaben gemacht, gewissermaßen als **Dank** für ihre Freundschaft.

Aus Nomen entstandene Präpositionen, Adverbien,

Pronomen und Zahlwörter wie ....

....

.... *werden kleingeschrieben.*

A 2 Schreibe in der richtigen Schreibweise.

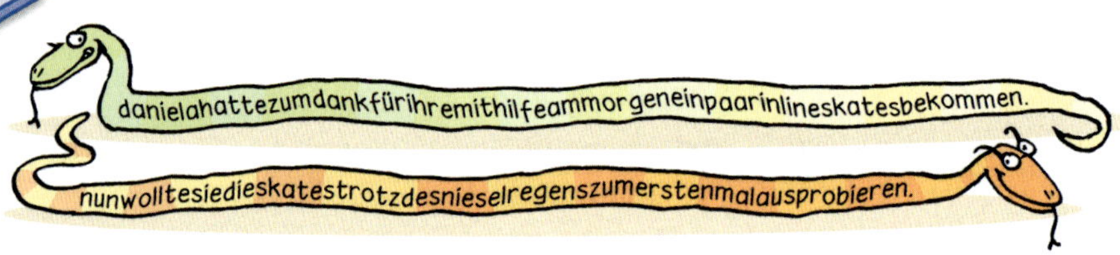

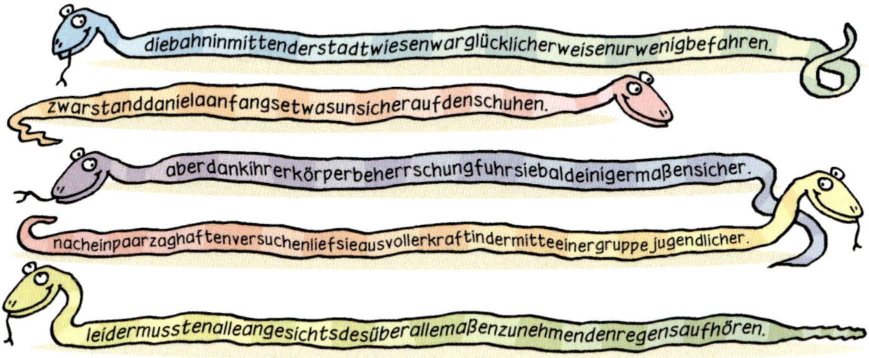

Und sie bewegt sich doch.

Der italienische Naturwissenschaftler Galileo Galilei hatte dank der Erfindung des Fernrohres bereits im 17. Jahrhundert bewiesen, dass sich die Erde um die Sonne dreht.* Diese öffentlich vorgetragene Behauptung erregte angesichts ihres Widerspruches zu den Aussagen der Bibel den Unmut der Kirchenväter,* denn seit alters war man der Meinung, dass die Sonne sich um die Erde drehe.* Nicht zum ersten Mal riskierte ein Wissenschaftler auf diese Weise um seiner Forschungen willen den Tod auf dem Scheiterhaufen.* Lange veröffentlichte Galilei, den Warnungen anderer Forscher zum Trotz, seine Ergebnisse. Es interessierte die Kirche jedoch nicht, dass Galilei mittels exakter Experimente und Berechnungen seine Theorie in großem Maße belegen konnte.* Sie ließen Galilei kraft ihrer großen Machtbefugnisse vorladen und, statt seine Beweise zu akzeptieren, forderten sie ihn auf, seine Lehre zu verleugnen.* Im Angesicht der Folterwerkzeuge bekannte Galilei gezwungenermaßen, dass er Unrecht habe. Insgeheim jedoch setzte Galilei, der zeitlebens einen starken Willen bewiesen hatte,* seine Forschungen trotz zunehmender Augenschwäche fort. So konnten glücklicherweise weitere bedeutende Forschungsergebnisse außer Landes geschmuggelt werden.* Galileo wurde erst 1992 von der katholischen Kirche rehabilitiert. *(180 Wörter)*

Neunmal schleichen sollte reichen!

Nominalisierte Adjektive und Partizipien 1

A 3 Unterstreiche die Adjektive **(A)** und Partizipien **(P)** sowie ihre Begleiter. Trage sie in die Liste ein.

Ich wünsche dir alles Gute. ○ *Wir werden unser Möglichstes tun.* ○ *Dieses Rot steht dir gut.* ○ *Er gab einen Witz zum Besten.* ○ *Das ist nichts Neues.* ○ *Es kommt aufs Gleiche hinaus.* ○ *Jeder Beliebige kann das.* ○ *Im Folgenden wird dieser Aspekt erläutert.* ○ *Es ist das Gegebene, schnell zu handeln.*

a. Artikel/Demonstrativ-/ Personalpronomen + A/P	**b.** Präposition + Artikel + A/P	**c.** Unbestimmte Pronomen + A/P
....	....	....
....	....	....
....	....	....
....	....	....

Nominal gebrauchte Adjektive und Partizipien werden großgeschrieben.
Man erkennt sie meist an ihren Begleitern.
Dies gilt auch für Paarformeln von nicht deklinierten Adjektiven zur Bezeichnung von Personen, die keinen Begleiter bei sich haben.

Zu dem Fest kamen Jung und Alt.

A 4 Manchmal fehlt ein Begleiter. Fülle die Lücken sinngemäß aus.

interessant, lustig, arm und reich, rot, wichtig, folgend, ähnlich, gebraten, groß und klein

1. Meinst du, dass .... zu meiner Haarfarbe passt?
2. Es gibt noch .... zu besprechen.

3. Das Festprogramm bietet .... für .... und ....

4. Außerdem ist .... zu berücksichtigen.

5. Für .... hat er immer ein Ohr.

6. Ich mag nur ....

7. Früher haben .... und .... selten an einem Tisch gesessen.

8. Kaufe doch ein Sachbuch oder ....

Bauamt des Landkreises

Sehr geehrte Damen und Herren,

wie Sie wissen, sind wir mit Ihrem Vorhaben, durch unser Wohngebiet eine Bundesstraße zu bauen, nicht einverstanden. Des Öfteren haben wir untereinander das Für und Wider diskutiert, haben Notwendiges und Problematisches gegeneinander abgewogen und sind zu oben stehendem Ergebnis gekommen. Nun halten wir es für das Gegebene, Ihnen Folgendes mitzuteilen: Wir sind uns darüber im Klaren, dass eine vollständige Weigerung unsererseits dem Gelingen eines neuen Verkehrskonzeptes nicht dienlich ist. Bedenken Sie aber, dass jeder Einzelne von uns Beträchtliches in Haus und Grundstück investiert hat in der Annahme, im Grünen leben zu können. Wir meinen, dass die Anlage unserer Siedlung, in der Jung und Alt viel Erholsames genießen können, etwas ganz Besonderes ist. Außerdem: Was gibt es Wichtigeres als die Gesundheit des Einzelnen, die durch das anhaltende Zerstören der Umwelt wesentlich geschädigt wird. Das Schlimmste jedoch ist in unseren Augen, dass Sie uns bei Erwerb unserer Grundstücke über die spätere Planänderung im Unklaren gelassen haben. Wir sind empört über dieses Hintergehen der Anlieger, mit dem wir nicht im Entferntesten gerechnet haben. Sollten unsere Bedenken keine Berücksichtigung finden, hören Sie aufs Neue von uns.

Mit freundlichem Gruß

die Anlieger *(195 Wörter)*

Nominalisierte Adjektive und Partizipien 2

Manchmal werden scheinbar nominalisierte Adjektive und Partizipien kleingeschrieben. Dies ist der Fall, wenn sie als Beifügung zu einem Bezugswort auftreten.

*Diese **Fotos** habe ich gemacht, die gelungenen lasse ich vergrößern.*

Kleingeschrieben werden auch Superlative mit am, nach denen man mit wie fragen kann.

Am schnellsten von allen ist Franziska.

Superlative, die mit aufs gebildet werden und mit wie erfragt werden können, werden in der Regel großgeschrieben. Als Nebenform ist die Kleinschreibung zulässig.

Vor Bekanntgabe der Noten war sie aufs Äußerste/äußerste gespannt.

A 5 Entscheide, ob du groß- oder kleinschreiben musst.

→ *Das b/Beste wird es sein, wenn du zu Hause bleibst.*
→ *Mit diesen Decken sind wir aufs b/Beste versorgt.*
→ *Die Hitze stört mich nicht im g/Geringsten.*
→ *Ich habe alle Schäden aufgelistet, der g/Geringste steht an erster Position.*
→ *Fürs Foto sollten die k/Kleinsten in der ersten Reihe stehen.*
→ *Am k/Kleinsten sind die Zwerganemonen.*

In festen adverbialen Wendungen aus Präposition und Adjektiv ohne Artikel wird das Adjektiv kleingeschrieben.

Die Zuschauer reisten von nah und fern an.

Handelt es sich in einem solchen Fall jedoch um ein dekliniertes Adjektiv, so darfst du es auch großschreiben.

Ich warte seit Langem auf dich.

A 6 Fülle die Lücken sinngemäß aus.

schwarz auf weiß – bis auf Weiteres – von klein auf – gegen bar – über kurz oder lang

1. .... bis zum Abitur spielte sie im Verein Handball.

2. .... musste es ja passieren.

3. Das kann ich dir .... nachweisen.

4. Die Schwimmhalle ist .... geschlossen.

5. Wir liefern nur ....

Gefährlicher Ausflug

Gestern fand unser seit Langem geplanter Fahrradausflug statt, an dessen Ende sich ein Zwischenfall ereignete, der unsere Nerven aufs Äußerste strapazierte. Auf unserem Rückweg mussten wir über eine achtspurige Brücke, die jetzt am Nachmittag am dichtesten befahren war. Die meisten Jungen fuhren voraus und die schnellsten hatten die höchste Stelle der Brücke bereits erreicht, als sie plötzlich anhielten. Obwohl die Räder alle vor Kurzem überprüft worden waren, hatte jemand einen Platten. Das Klügste wäre es gewesen, auf die Nachfolgenden zu warten, denn unser Lehrer hatte uns immer wieder von Neuem aufs Eindringlichste vor dem Überqueren der Brücke gewarnt.
Aber auf der anderen Seite winkte jemand mit einem Ersatzreifen. So trat der angeblich mutigste der Schüler auf die Fahrbahn. Er schien sich nicht im Entferntesten der Gefahr bewusst zu sein. Von fern beobachteten wir fassungslos das Hupen und Bremsen der Fahrzeuge. Am quälendsten war unsere Machtlosigkeit, denn über kurz oder lang musste ein Unglück geschehen. Der Schüler hatte schon fast den gegenüberliegenden Bürgersteig erreicht, als ein Auto auf der äußeren Spur heranschoss. Zwar gab der Schüler sein Bestes, um auf den Fußgängerweg zu springen, wurde aber von dem Wagen an den Füßen erfasst und einige Meter weitergeschleudert, bis er mit Prellungen liegen blieb.
Bis auf Weiteres findet kein Fahrradausflug mehr statt. *(212 Wörter)*

Nominal gebrauchte Zahlwörter und Indefinitpronomen 1

A 7 Ergänze die Lücken in der Regelformulierung.

Du erinnerst dich: Grundzahlen (Kardinalzahlen) unter einer Million werden kleingeschrieben.

Das Training beginnt um sieben.

Sie werden großgeschrieben, wenn sie als .... auftreten. Sie haben dann eine übertragene Bedeutung.

Lisa hat drei Einsen im Zeugnis.

Außerdem gilt: Werden mit Dutzend, hundert oder tausend unbestimmte Mengen angegeben, können diese groß- oder kleingeschrieben werden.

Viele tausend/Tausend haben gespendet.
aber: *Wir haben tausend Briefumschläge bestellt.*

A 8 Schreibe in Buchstaben.

→ In Mathe habe ich meine erste **(2)** .... geschrieben.

→ Wir haben zu Hause ....utzende von alten Zeitschriften.

→ Den Tisch haben wir zu **(4)** .... getragen.

→ Wie viele Gäste waren auf der Hochzeit? Genau **(100)** ....

Ordnungszahlen und unbestimmte Zahlwörter werden klein-geschrieben, wenn sie ein Bezugswort bei sich haben.

Jeder dritte Anrufer gewinnt.
Beim letzten Mal warst du es.

Sie werden großgeschrieben, wenn sie als Nomen (Substantiv) gebraucht werden.

Das reicht fürs Erste.
Am Zehnten des Monats wird das Geld überwiesen.

Auch die unbestimmten Zahlwörter** (der eine, der andere, wenige, viele u. Ä.) **werden kleingeschrieben.

Nur wenigen gelang die Flucht.
Alle anderen mussten auf der Insel ausharren.

Wenn sie eine übertragene Bedeutung haben, schreibt man sie groß.

Die Meinung der Vielen (der Masse) interessiert mich nicht.

Possessivpronomen, denen ein Artikel vorausgeht, können groß- oder kleingeschrieben werden.

*Jedem **das** Seine/seine.*

Open Air

Weil ich in Musik schon die zweite Eins geschrieben hatte, schenkte mir meine Großtante, eine rüstige Dame von siebzig, eine Karte für eine Opernaufführung auf der Freilichtbühne. Am Dreiundzwanzigsten sollte die Aufführung stattfinden. Zunächst war ich nicht begeistert, denn mein Musikgeschmack war ein anderer. Zu sechst fuhren wir mit Freunden meiner Großtante in der Drei zum Stadtpark. Gemeinsam mit uns strömten D/dutzende von Menschen auf die Zuschauertribüne mitten im Park zu. Jeder Zweite war wie wir beladen mit Decken und einem Picknickkorb. Wegen des Jubiläums prangte über dem Eingang eine große Fünfundzwanzig. Auf unseren Plätzen in der zehnten Reihe angekommen, machten wir es uns mit den Decken gemütlich. Ich bestaunte die Kulisse. Am besten fand ich es, dass sie in den Wald hineingebaut war und natürlich und romantisch wirkte. Fürs Erste war ich mit dem Ausflug einverstanden. Ich teilte meine Lieblingsschokolade durch sechs, denn nun wollte ich das M/meine zum Gelingen des Abends beitragen. Als die fast tausend Zuschauer ihre Plätze eingenommen hatten, begann um neun die Vorstellung. Das meiste habe ich, wie immer, nicht verstanden.

Aber die Musik vor der Naturkulisse, die nach zehn einsetzende Dämmerung und die Sänger, die ihr Letztes zu geben schienen, bewirkten, dass ich von dem Ganzen wirklich fasziniert war. Als die Vorstellung vorbei war, standen die Tausend auf und applaudierten stürmisch. Nicht zum letzten Mal bin ich dabei gewesen. *(227 Wörter)*

Nominal gebrauchte Zahlwörter und Indefinitpronomen 2

Bruchzahlen werden kleingeschrieben, wenn sie ein Bezugswort bei sich haben. Sie werden großgeschrieben, wenn sie als Nomen auftreten.

um viertel acht	*es ist (ein) Viertel vor eins*
in anderthalb Wochen	*zwei Sechstel der Klasse*
in drei viertel Stunden	*in einer Dreiviertelstunde*
eine viertel Million Menschen	*ein Vierteljahr*

Stehen Bruchzahlen vor Maßangaben, gibt es zwei Schreibweisen.

eine viertel Stunde	*eine Viertelstunde*
ein achtel Liter	*ein Achtelliter*

A 9 Schreibe in Buchstaben!

1. *(1/4 nach 1)* Ich komme gegen ………………………………………….
2. *(1/3)* ………………………………………… der Klasse nimmt am Tanzkurs teil.
3. *(1/4 Zentner)* Wir kauften ……………………………………… Weizen.
4. *(1/8)* Ich hätte gern ……………………………………………… Rotwein.
5. *(3/4 8)* Um ………………………………………… klingelte es plötzlich an der Haustür.
6. *(1/4 Million)* ……………………………………… Menschen verfolgten das Spiel.
7. *(1/8 Note)* Hier musst du ……………………………………………… spielen.
8. *(3/100tel Sekunden)* Ulf war ……………………………………… schneller.
9. *(3/4)* Aber ……………………………………… der Teilnehmer kamen zu spät.

Nominalisierte Jahres- und Altersangaben haben häufig ein -er oder -ter am Ende.

mit sechzig geht Oma ins Internet	*in den dreißiger Jahren/Dreißigerjahren*
hier ist Tempo fünfzig vorgeschrieben	*in der Mitte der Fünfziger sein*
Karl geht auf die siebzig zu	*Mutter feiert ihren Vierzigsten*

A 10 Schreibe die unterstrichene Passage in Buchstaben.

- → *Ich bin für Tempo 130 auf den Autobahnen.* ....
- → *Ende der 90er entstand der Techno.* ....
- → *Vater hört die Musik der 70er Jahre.* ....
- → *Du wirst 50? Willkommen im Klub!* ....
- → *Meine Schwester feiert ihren 18ten am Strand.* ....
- → *Schon in den 60er Jahren gab es Computer.* ....

In letzter Minute

Es war Viertel nach sechs, als die Tore des Fußballstadions geöffnet wurden. Zu H/hunderten strömten die Menschen in die Ränge. Bis drei viertel sieben sollte Maike den Platz neben sich freihalten, denn ihr Großvater, obwohl schon hoch in den Sechzigern, wollte mit dem Rennrad kommen. Weil doch überall Tempo dreißig vorgeschrieben sei, könne man genauso gut mit dem Rad fahren. Dass Opa mit höchstens fünfzehn vorankam, störte ihn nicht.

Mit einem Viertelpfund/viertel Pfund Schokolade machte Maike es sich auf ihrem Sitz bequem und blickte bewundernd um sich. Das Stadion glänzte nach seiner Renovierung im kühlen Stil der 90er-Jahre/neunziger Jahre/Neunzigerjahre, der schon die Modernität des kommenden Jahrtausends andeutete. Den Umbau des Stadions, das Ende der Siebziger gebaut worden war, hatte zu zwei Dritteln das Land finanziert. Allein das Gestühl hatte eine viertel Million Mark gekostet. Nur ein Vierteljahr hatte die Verjüngungskur gedauert.

Um Viertel vor sieben war Opa noch immer nicht da. Wenn er in der nächsten Viertelstunde nicht käme, könnte Maike den Platz nicht mehr besetzen, denn jetzt waren über drei Viertel der Plätze belegt und die Suchenden ließen sich nicht mehr abweisen. Da endlich erblickte Maike ihren Großvater, der sich am Kiosk noch schnell ein Achtel Roten genehmigt hatte und jetzt bester Laune war. Er sei doch keine Viertelsekunde zu spät! Das Spiel konnte beginnen. *(217 Wörter)*

Anredepronomen

Die Anredepronomen du und ihr sowie die entsprechenden Possessivpronomen werden generell kleingeschrieben. In Briefen können sie auch großgeschrieben werden.

Könntest du deinen Vater um einen Gefallen bitten?
Wo habt ihr eure Sachen gelassen?
Liebe Eva, schön, dass D/du uns besuchen willst.

Die Höflichkeitsanrede Sie und die zugehörigen Pronomen werden generell großgeschrieben. Ausnahme: das rückbezügliche sich.

Haben Sie sich verletzt? Denken Sie bitte an Ihre Ausweispapiere!

A 11 Setze den richtigen Buchstaben ein.

Liebe Julia,
schöne Ferien für .....ich und .....eine Familie! Ich hoffe, dass .....hr fröhliche Tage verlebt und dass .....uch .....ure alte Klapperkiste von Auto auf .....urer Fahrt an die Küste nicht im Stich lässt. Liebe Julia, erinnerst .....u .....ich daran, dass .....u mir versprochen hast, von .....einer Reise eine Kleinigkeit mitzubringen? Falls der Platz in .....urem Wagen es zulässt, wünsche ich mir von .....ir einen schönen Stein, den .....u selbst gefunden hast. Nur dann bringt er .....ir und mir Glück! Ich erwarte .....ich schon ungeduldig!
.....ein Mark

Sehr geehrte Frau Knopf, sehr geehrter Herr Knopf!
Auch im Namen meiner Eltern möchte ich .....hnen für .....hre Glückwünsche zu meiner Konfirmation herzlich danken. Bestimmt haben .....ie .....ich lange überlegt, womit .....ie einem Fußballnarren wie mir eine Freude machen können. Die Einladung zum Länderspiel war .....hrerseits eine tolle Idee! Vermutlich haben .....hre Kinder .....hnen diesen Tipp gegeben, indem .....ie an .....hre eigenen Wünsche gedacht haben. Ich freue mich schon auf einen schönen Nachmittag mit .....hnen und .....hrer Familie.
.....hr Sebastian

Liebe Laura,

gestern habe ich D/deine Karte bekommen. Ich freue mich, dass es D/dir und D/deinen Brüdern gut geht. Wie schön, dass auch sie nach dem Umzug noch Kontakt zu ihren alten Freunden haben. Ich kann mir gut vorstellen, wie sehr I/ihr E/eure vertraute Umgebung vermisst. Auch ich denke oft an D/dich und D/deine lustigen Einfälle. Ich werde D/dich demnächst anrufen, um mit D/dir ein Treffen zu vereinbaren, auf dem wir mal so richtig tratschen können über D/deinen Hannes, die Jungs und ihre Macken im Allgemeinen.

Bis bald, alles Gute,

D/deine Anna *(92 Wörter)*

Sehr geehrte Frau Melzer,

in Ihrem Schreiben vom 4. 7. teilen Sie mir mit, dass Sie beabsichtigen, Ihre Tochter für ein Jahr auf ein amerikanisches College zu schicken, und bitten mich um eine Einschätzung der Leistungsfähigkeit und der Einstufung Ihrer Tochter nach ihrer Rückkehr. Nach Auskunft der Kollegen ist Ihre Tochter eine gute Schülerin, sodass sie vermutlich nach ihrer Rückkehr ein Schuljahr überspringen und ihrer alten Klasse zugewiesen werden kann. Ich hoffe, ich kann die Ihrerseits geäußerten Bedenken zerstreuen und denke, dass Ihre Tochter ihren Aufenthalt gewinnbringend nutzen wird, denn sie ist ein aufgewecktes Mädchen. Machen Sie sich ihretwegen keine Sorgen.

Mit freundlichen Grüßen

Günter Massmann, Direktor der Goetheschule *(101 Wörter)*

Titel und Namen

In Titeln von Büchern, Filmen, Kunstwerken, Zeitschriften usw. wird das erste Wort großgeschrieben. Der Titel steht in Anführungszeichen. Ausnahme: Zeitschriftennamen.

Hast du schon „Unter Geiern“ gelesen?
Gestern war ich in „Vom Winde verweht“.
Mein Vater liest die Süddeutsche Allgemeine, meine Mutter die Neue Rundschau.

A 12 Ordne die Titel zu und schreibe in der richtigen Schreibweise. Vergiss die Anführungszeichen nicht!

durchs wilde kurdistan · **der glöckner von notre-dame** · **verbotene liebe** · **wir kinder vom bahnhof zoo** · **die zauberflöte** · **der dritte mann** · **mona lisa**

1. Film im Wien der Nachkriegszeit: ....
2. Oper von Mozart: ....
3. das Buch der Christiane F.: ....
4. eine aktuelle Fernsehserie: ....
5. Roman von Victor Hugo: ....
6. Gemälde von Leonardo da Vinci: ....
7. Abenteuerroman von Karl May: ....

Wenn der Artikel in Werktiteln weggelassen oder durch Beugung verändert wird, schreibt man das nächste Wort groß. Bei Veränderung steht der Artikel nicht in Anführungszeichen.

Ich war zweimal im „Dritten Mann“.
Das ist eine Arie aus der „Zauberflöte“.

A 13 Schreibe richtig.

→ ***„Die Räuber"*** Karl Moor ist der Held aus den .... von Friedrich Schiller.

→ ***„Eine kleine Nachtmusik"*** Das ist der Beginn der .... von W. A. Mozart.

→ ***„Der Glöckner von Notre-Dame"*** Die Zeichentrickverfilmung des .... gefällt mir nicht.

→ ***„Der kleine Prinz"*** Kennst du den .... von Saint-Exupéry?

→ ***„Das fliegende Pferd"*** Am .... von Marc Chagall fasziniert mich besonders die blaue Farbe.

→ ***„Der erste Ritter"*** Gestern war ich im ....
Ein toller Film!

Harmonisches Familienleben

In unserer Familie einen gemeinsamen Abend zu verbringen, ist fast unmöglich.* Zwar sind wir nur vier Personen, aber jeder hat andere Interessen. Mein Vater zum Beispiel zieht sich am liebsten mit der Süddeutschen Allgemeinen in die Leseecke zurück* und hofft, dass wir ihn mit unseren Vorstellungen von Kinobesuch oder Fernsehabend in Ruhe lassen.* Meine kleine Schwester sieht immer wieder ihre Videoaufzeichnungen des „Doppelten Lottchens" und des „Fliegenden Klassenzimmers".* Ich bevorzuge Actionfilme wie „Der Terminator" oder „Stirb langsam". Ich verstehe überhaupt nicht, warum sich meine Mutter darüber aufregt,* setzt sie sich doch am liebsten Kopfhörer auf und hört klassische Musik wie „Mein Vaterland" von Smetana oder „Die vier Jahreszeiten" von Vivaldi und liest dabei das Goldene Blatt.* Mit Operetten wie der „Verkauften Braut" oder der „Schönen Helena" kann sie mich aus dem Haus treiben, wenn sie laut gespielt werden,* aber „Die Entführung aus dem Serail" von Mozart finde ich gar nicht übel und den dritten Satz aus den „Vier Jahreszeiten" stelle ich sogar freiwillig laut.* Schade, dass dies nicht umgekehrt für meine Musik von den Scorpions und den Toten Hosen gilt.* Nur auf „Gute Zeiten – Schlechte Zeiten" können wir uns alle einigen. Wenigstens etwas. *(195 Wörter)*

Neunmal schleichen sollte reichen.

Von Personennamen abgeleitete Adjektive

Von Personennamen abgeleitete Adjektive auf -isch werden kleingeschrieben.

die Schriften Martin Luthers – die lutherische Bibelübersetzung
der heilige Gregor – der gregorianische Kalender

A **14** Forme die Namen in Adjektive um.

- *Kennst du den Biologen Charles Darwin? Nach der .... Evolutionstheorie stammt der Mensch vom Affen ab.*
- *Buddha war der Stifter der .... Religion.*
- *Kopernikus hat behauptet, dass die Erde sich um die Sonne dreht.*

  Heute zweifelt niemand das .... Weltbild an.
- *Heute haben wir ein Gedicht von Heinrich Heine gelesen.*

  Die .... Reisebilder gefallen mir besser.
- *Albert Einstein, der Begründer der .... Relativitätstheorie, ist in der Schule mehrfach sitzen geblieben.*

A **15** Welche Begriffe gehören zu welcher Erklärung?

die platonische Liebe – das ohmsche Gesetz – eine kafkaeske Situation – ein faradayscher Käfig – ein salomonisches Urteil – ein freudscher Versprecher

1. .... bezeichnet eine Beziehung ohne Sexualität.
2. .... ist eine absurde und unheimliche Situation.
3. .... ist ein Versprecher, der preisgibt, was man eigentlich verschweigen möchte.

4. .... nennt man eine sehr weise Entscheidung.

5. .... ist z.B. das Auto, das einen Blitz außen ableitet.

6. .... befasst sich mit dem Verhältnis von Stromstärke und Spannung.

Mein großer Bruder

Wie ich meinen großen Bruder hasste! Er hatte gerade Abitur gemacht und brüstete sich mit Namen, Gesetzen, Werken und Lehren von Menschen, von denen ich noch nie etwas gehört hatte. Von der Lehre Platons und den schillerschen Dramen war die Rede. Einmal hatte ich ein Theaterstück Schillers zur Hand genommen. Das war nichts für mich. Da las ich lieber die Abenteuer Harry Potters, des rowlingschen Helden. Mein Bruder wollte dagegen Philosophie studieren.
Karl Marx und Immanuel Kant hatte er gelesen. Die marxschen Schriften standen vollständig in seinem Bücherregal. Am liebsten sprach er über das aristotelische Denken. Aber all das waren für mich böhmische Dörfer. Unglaublich aber war, dass er auch etwas von Mathematik verstand. Gönnerhaft erklärte er mir manchmal, was er gerade gesagt hatte. Das foucaultsche Pendel, das etwas mit der Erdrotation zu tun hatte, fand ich spannend. Wir hatten eines im Deutschen Museum in München gesehen. Aber bei der Erläuterung des ohmschen Gesetzes hörte ich gar nicht zu. In der Schule hatte ich schon den pythagoreischen Lehrsatz nicht verstanden. Also stand fest, dass ich zu unbegabt für Mathe war. Und einen echt müllerschen Dickkopf besaß. *(189 Wörter)*

Nominale Aneinanderreihungen

In nominalen Aneinanderreihungen werden alle Wörter durch Bindestrich miteinander verbunden. Das erste Wort schreibt man groß, auch wenn es kein Nomen ist. Nomen und Verben, die im Innern der Fügung stehen, werden ebenfalls großgeschrieben.

Das ist ja zum Aus-der-Haut-Fahren!
Der Pro-Kopf-Verbrauch an Wasser steigt.

A 16 Schreibe in der richtigen Schreibweise.

- ***kopf an kopf rennen:*** Während des Trainings lieferten sich Felix und Markus ein ....
- ***sowohl als auch:*** Das ständige .... meines Vaters in Diskussionen ärgert mich.
- ***trimm dich pfad:*** Um sich fit zu halten, läuft meine Großmutter täglich den ....
- ***auf der faulen haut liegen:*** In den Ferien genieße ich das .... sehr.
- ***schau mir in die augen kleines masche:*** Dirks .... hat bei Inge keinen Erfolg.
- ***duty free shop:*** Vor dem Abflug will ich noch in den ....
- ***in den april schicken:*** Zum .... fehlen mir meist die Ideen.
- ***make up entferner:*** Hast du meinen .... gesehen?

Abkürzungen sowie zitierte Wortformen und Einzelbuchstaben bleiben unverändert.

der i-Punkt *der dass-Satz* *die km-Zahl*
die x-Achse *der pH-Wert* *das i-Tüpfelchen*

A **17** Trage die oben aufgeführten Beispiele in die richtige Lücke ein.

1. *Der Wert für das Durchschnittsalter liegt auf der ....*
2. *Auch der .... ist ein Konjunktionalsatz.*
3. *Dies Vanilleeis zum Nachtisch war das .... des köstlichen Essens.*
4. *Der .... dieser Seife beträgt 7,5.*
5. *Das Können eines Autofahres ist nicht von der .... abhängig.*
6. *Vergiss nicht, immer den .... zu setzen.*

Urlaubsgrüße

Lieber Markus,

alles Gute aus Nizza. Unsere Côte-d'Azur-Reise ist ein voller Erfolg. Es ist viel heißer als bei uns – das Nord-Süd-Gefälle hinsichtlich der Sonneneinstrahlung ist offensichtlich. Wegen der UV-Strahlung cremen wir uns alle mit einem hohen Lichtschutzfaktor ein. Du fragst, was uns mehr interessiert: Kultur oder Natur? Hier gibt es kein Entweder-oder, sondern ein Sowohl-als-auch. Papa, der vor kurzem seine Studie zum Schlaf-wach-Rhythmus beendet hat, genießt das In-den-Tag-hinein-Leben.
Janne ist Anhängerin des Mountainbikefahrens. Sie hat eine bewundernswerte Kondition und nimmt jede Steigung bei größter Hitze. Leider ist ihr Kilometerzähler kaputt, sodass wir nicht wissen, wie viel sie wirklich gefahren ist. Ich bin nicht so gut im Den-inneren-Schweinehund-Überwinden wie sie. Du weißt, schon damals beim Räuber-und-Gendarm-Spielen ging mir vor der Zeit die Puste aus. Außerdem läuft mir beim In-die-Sonne-Blinzeln immer die Sonnencreme in die Augen und das hasse ich. Mutter hatte eine Magen-Darm-Verstimmung, aber nun schreibt sie weiter an ihrer Rede zur Verleihung des Max-Massmann-Preises. Zur Erholung geht sie auf Sightseeingtour. Manchmal macht mir das Bedeutende-Trümmer-Anschauen auch Spaß. Dann begleite ich sie. Der anschließende Halt in einer Crêperie ist das i-Tüpfelchen eines solchen Tages.

Viele Grüße

Daniel

(187 Wörter)

Schreibung nach dem Doppelpunkt

Das erste Wort einer direkten Rede nach dem Doppelpunkt wird großgeschrieben.

Lisa fragte: „Kannst du mir bitte helfen?"
Vater brummte: „Nein."

Wenn nach dem Doppelpunkt ein vollständiger Satz folgt, wird das erste Wort ebenfalls großgeschrieben.

Folgendes ist wichtig: Die Fenster müssen geschlossen bleiben.

Folgt nach dem Doppelpunkt kein selbstständiger Satz, sondern z.B. eine Aufzählung, schreibt man das erste Wort klein.

Zum Ausflug sind mitzubringen: ein Rucksack, eine Thermoskanne, Papier und Bleistift.

A 18 Wandle die indirekte Rede in direkte Rede um.
Achte auf die Großschreibung.

Beispiel: Jan fragte, wann der Ausflug beginne.
▶ *Jan fragte: „Wann beginnt der Ausflug?"*

→ Herr Janz sagte, dass wir uns um 9 Uhr vor der Schule träfen.

→ Bettina fragte, ob sie zehn Minuten später kommen könne.

→ Sie erklärte, dass ihr Bus erst um 9 Uhr 5 an der Haltestelle sei.

→ Herr Janz sagte, dass sie sich dann beeilen müsse.

→ Er erklärte, dass jeder eine Regenjacke mitbringen müsse.

→ Tim fragte, warum.

→ Alex meinte, wegen der Tropfsteinhöhle.

19 Entscheide, ob du groß- oder kleinschreiben musst.

1. *Ich fasse zusammen:* **i/I***nsgesamt haben wir ein erfolgreiches Jahr hinter uns.*
2. *Diagnose:* **e/E***ine verschleppte Grippe.*
3. *Schreibt bitte mit:* **d/D***rei Linienhefte, zwei Karohefte, ein Schnellhefter.*
4. *Das Sprichwort lautet:* **w/W***er andern eine Grube gräbt, fällt selbst hinein.*
5. *Seine Argumente klingen vernünftig:* **i/I***ch denke, wir entscheiden in seinem Sinne.*
6. *Am Stadtrand und auf dem Umland:* **ü/Ü***berall entstehen neue Einfamilienhäuser.*
7. *Familienstand:* **v/V***erheiratet.*
8. *Es gibt nur eine Möglichkeit:* **s/S***chnellstens anzurufen und sich zu entschuldigen.*
9. *Nach dem Schulwechsel hat er alles aufgegeben:* **d/D***as Fußballtraining, die Clique, das Schachspiel.*

Ein neuer Anfang

Als Mutter nach Hause kam, rief sie schon in der Tür: „Aufgepasst! Ich habe eine wichtige Nachricht: Wir können nächsten Monat nach Australien übersiedeln." Sofort brach ein vielstimmiger Tumult aus: Mein kleiner Bruder Stefan jubelte, Vater sorgte sich: „Wir haben die Umzugskisten noch gar nicht bestellt!", und ich rief immer wieder: „Endlich!" Mutter mahnte zur Ruhe: „Jetzt müssen wir organisieren: Wer ruft die Vermieter in Übersee an? Wer spricht mit den Schulen der Kinder? Wer meldet uns ab?" Es kam, wie es immer kam: Alles musste Mutter allein managen. Sie kümmerte sich: um das neue Haus in Australien, um das Meldeamt, um die Schulen. Mein Vater verschanzte sich hinter der üblichen Bemerkung: „Ich habe so viel zu tun im Büro vor unserer Übersiedlung."

Ich packte derweil die mir zur Verfügung stehenden Kisten: eine mit Büchern, eine mit Zeitschriften und CDs, eine mit Krimskrams. Die Stofftiere passten nicht mehr hinein. Es gab nur einen Ausweg: Sie mussten dableiben. Auch von den Büchern sortierte ich einige aus: die Märchenbücher, die Enid-Blyton-Kollektion, die Comichefte. Manchmal fiel es mir schwer, sie beiseitezulegen. Aber ich sagte mir: Jeder Abschied ist auch ein Neubeginn. *(191 Wörter)*

Zusammenfassende Diktatübungen

Dieses Diktat kannst du in einzelnen Abschnitten und mit verschiedenen Methoden üben.

Jakob

Das Weckerklingeln gegen halb sieben riss Jakob unsanft aus seinen Träumen. Warum musste er abends auch immer so lange fernsehen? Aber „Die Straßen von San Francisco" und ein Viertel Roter, das war das Schönste, das Jakob sich vorstellen konnte.
Nun hieß es ohne Zögern aufstehen, wenn er nicht zum nächsten Ersten entlassen werden wollte, denn sein Chef hatte Jakob seit Längerem im Auge. Jakob war in den Fünfzigern, und wer in dieser Firma älter als fünfzig war, musste über kurz oder lang trotz seiner Erfahrung mit seiner Entlassung rechnen. Jakob war sich darüber im Klaren, dass sein Chef auch Unwesentliches verwenden würde, um sein Ausscheiden voranzutreiben. *(107 Wörter)*

So sprang er ins Auto, fuhr mit achtzig durch die Stadt und kam doch eine Dreiviertelstunde zu spät.* An seiner Arbeitsstätte wartete kein Geringerer als der Direktor, der schon von Weitem zu schimpfen begann: „Das ist wirklich das Letzte!* Müller, Sie sind der faulste meiner Mitarbeiter. Merken Sie sich Folgendes: Sollte sich dies wiederholen, machen Sie sich auf das Schlimmste gefasst.* Bis auf Weiteres ist Ihre Provision gestrichen und in einer Viertelstunde sehe ich Sie bei mir mit der Akte zum Bau der Hals-Nasen-Ohren-Klinik zwecks Vorstellung Ihres Konzeptes!"*
Jakob durchwühlte schwitzend seinen Schreibtisch, denn trotz allen Bemühens war er im Ordnunghalten nicht der Beste.* Zwar waren drei Viertel seines Schreibtisches mit Geschriebenem bedeckt, aber er fand nur Belangloses:* eine Aufstellung des pH-Wertes verschiedener Seifen, ausgeschnitten aus der Juli-Ausgabe von Stiftung Warentest,* mehrere alte Ausgaben des Spiegels und ein Dutzend Rechnungen, von denen er die wenigsten beglichen hatte.* Nur die Baubakte blieb verschwunden. Während Jakob von Neuem zu suchen begann,* grinsten manche der Anwesenden, die anderen blickten mitleidvoll zu ihm hin.* Für diesmal

hatte der Zorn des Tobenden, der sich gleichmäßig über Hoch und Niedrig zu verteilen pflegte, sie selbst verschont. *(190 Wörter)*

Elfmal schleichen sollte reichen.

Jakob, der bereits das Ärgste befürchtete, bat einen der hilfsbereitesten seiner Kollegen um Hilfe, welcher die Akte dank seiner Systematik schließlich in der untersten Schreibtischschublade fand. Jakob eilte zum Direktor, keine Viertelsekunde zu früh, überreichte das Geforderte und entschuldigte sich für sein vermeintliches In-den-Tag-hinein-Leben. Am klügsten war es, sich schuldbewusst zu geben. Das Rot im Gesicht des Chefs wurde blasser: „Denken Sie daran, mein Lieber, dass nicht wenige gerne Ihre Position bekleiden würden!“, warnte er nochmals aufs Eindringlichste. Jakob erschrak, denn hier hatte sein Vorgesetzter ins Schwarze getroffen. „Stellen Sie sich vor dem Ins-Bett-Gehen am besten mehrere Wecker. Und nun zum Wesentlichen: Diese Unterlagen enthalten Informatives zum Bau der neuen Klinik. Schauen Sie sie bis Viertel nach fünf auf Fehlendes durch, um halb sechs werden wir zu fünft eine Besprechung über dieses Projekt durchführen. Auch die anderen werden ihre Vorstellungen schwarz auf weiß präsentieren. Es geht um H/hunderte von Arbeitsplätzen und im Ganzen um vierzehn Millionen Euro. Unsere Firma ist zu zwei Dritteln an diesem Vorhaben beteiligt. Der Gewinn dürfte jedoch, der Konkurrenz zum Trotz, noch um ein Beträchtliches höher liegen. Wenn Sie das Ihre zum Gelingen des Projektes beitragen, will ich das vorhin Gesagte vergessen. Sie sind bei Weitem nicht der Erste und sicher nicht der Letzte, der mal zu spät kommt.“ *(213 Wörter)*

Getrennt- und Zusammenschreibung

Unfeste Verbindungen mit einem Verb

Es gibt Verbindungen mit einem Verb, bei denen sich die Reihenfolge je nach Stellung im Satz ändern kann. Diese nennt man unfeste oder trennbare Verbindungen.

untergehen – Im Sommer geht die Sonne erst spät am Abend unter.

Davon sind untrennbare Verbindungen mit einem Verb zu unterscheiden.

widersprechen – Marcus widerspricht ständig seinem Lehrer.

A 1 Forme aus den folgenden durcheinandergeratenen Wörtern sinnvolle Sätze!
Unfeste Zusammensetzungen müssen dabei getrennt werden.

→ sofort die schöne auffällt in dieser Klasse Aline

→ linken der auftreten kann seiner schweren Verletzung Außenverteidiger nicht nach mit dem Fuß

→ der mehr ausgewechselt Spieler aushält seine Schmerzen nicht verwundete und wird

→ ich ein niemals dem Schlusspfiff Spiel aufgebe vor

→ Bankraub der für den großen fehlschlug Plan

→ verlorenen aufgrund Trainer des Spiels hinwirft der seinen Job

A 2 In der folgenden Zeile sind feste Verbindungen aufgelistet. Ordne sie den Schlagworten darunter zu!

bruchlanden – wehklagen – schlafwandeln – bruchrechnen – haushalten – schlussfolgern – frohlocken – widersprechen – sonnenbaden

Mathematik ↔ ....

Sparbuch ↔ ....

Freude ↔ ....

Flugzeug ↔ ....

Vollmondnacht ↔ ....

Lösung ↔ ....

Sommer ↔ ....

Schmerzen ↔ ....

Streitgespräch ↔ ....

Erich Kästner

Erich Kästner wurde 1899 in Dresden geboren. Nachdem er schon früh in der Volksschule aufgefallen war, besuchte er daraufhin das Lehrerseminar. Die Eltern wollten einen angesehenen Lehrer aus ihm machen. Doch dieser Plan schlug fehl, denn der Erste Weltkrieg war zwischenzeitlich ausgebrochen und der junge Erich Kästner wurde vom Militär eingezogen.
Später wurde er zu einem der angesehensten Kinderbuchautoren und wer weiß, ob er als Lehrer noch Freude gehabt hätte, sich in seiner Freizeit den Kleinen zu widmen. So konnte er mit seiner Fantasie gut haushalten und schrieb neben seiner Tätigkeit als Journalist eine Reihe von Kinderbüchern wie z. B. „Emil und die Detektive“ aus dem Jahr 1929.
Kästner opferte sich stets für Demokratie und Frieden auf, was dem Willen der Nationalsozialisten widersprach. Nach der Machtübernahme 1933 in Deutschland veranlassten sie, dass seine Bücher verbrannt wurden. Trotz des Drucks wollte Kästner seine Auffassungen nicht preisgeben, was ihm ab 1942 ein totales Schreibverbot einbrachte. Aber er gab nicht auf und schrieb unter einem Pseudonym als Drehbuchautor weiter.
Erst nach dem Zweiten Weltkrieg wurden seine Werke mit Preisen ausgezeichnet. *(179 Wörter)*

Verbindungen mit einem Verb

Eine Verbindung mit einem Verb wird getrennt geschrieben, wenn

1. ***es sich um das Verb sein handelt,***
   dabei sein, dagegen sein
2. ***der erste Bestandteil ein komplexes Adjektiv ist,***
   freundlich lächeln, meisterhaft spielen, ruhig bleiben
3. ***der erste Bestandteil und das Verb betont sind,***
   miteinander spielen, bergab fahren
4. ***der erste Bestandteil eindeutig ein Substantiv ist,***
   Rad fahren, Angst haben
5. ***auch der erste Bestandteil ein Verb ist.***
   spazieren gehen, schreiben lernen
   (Ausnahme: kennenlernen/kennen lernen)

A 3 Ergänze im folgenden Text die Leerstellen und begründe die Schreibweise durch einen Vermerk der Regel in Klammern.

Beispiel: *aufeinander prallen* **(R 3)**

Johann Wolfgang von Goethe

1749 wird Goethe in Frankfurt geboren, wo er, von seiner Mutter wohlbehütet, aufwächst. In seiner frühen Kindheit lernt er bereits .... (......) *(Klavier + spielen)*, im Schulalter kann er schon .... (......) *(meisterhaft + dichten)*. Als junger Mann studiert er Jura in Leipzig und macht seine ersten Erfahrungen mit der Liebe. In dieser Zeit hat er Kätchen Schönkopf .... (......) *(kennen+lernen)*, in die er sich verliebt und der er viele Liebesgedichte widmet. Doch es kommt zum Ende dieser romantischen Beziehung, woraufhin es mit seiner Gesundheit .... (......) *(bergab + gehen)*.

Erst 1770, das heißt eineinhalb Jahre später, nimmt er sein Studium in Straßburg wieder auf und es beginnt eine fruchtbare Schaffensperiode. Doch auch diese Zeit ist von einer unglücklichen Liebe geprägt. Goethe muss erfahren, wie schwer es ist, in einem Zustand des Verliebtseins .... (......) *(ruhig + bleiben)* und entgegen der Gefühlsmacht .... (......) *(logisch + denken)*. So muss er mehrmals am Tag .... (......) *(spazieren+gehen)*, um sich zu besänftigen.

Das Tragische dieser Liebe ist, dass die Geliebte, Friederike Brion, einem anderen versprochen war. Seine Erfahrungen der Straßburger Zeit verarbeitet er in seinen Sesenheimer Liedern.

Test

Faust

Goethes wohl berühmtestes Werk ist der „Faust“, eine Tragödie in zwei Teilen. Es ist die Geschichte eines Gelehrten, der außerstande ist, mit seinem Leben zufrieden zu sein. Um sich aus seiner lebensmüden Lage zu befreien, schließt er einen Pakt mit dem Teufel. Zusammen gehen sie auf Reisen, wo Faust sich in Gretchen verliebt, die jedoch schrecklich schüchtern ist. Er umwirbt sie mit Gold und Juwelen und der Teufel tut sein Übriges.

Gretchen gibt dem Verehrer schließlich nach. Sie will in der Nacht Faust zu sich kommen lassen, doch dafür muss die Mutter ruhig schlafen. Den von Gretchen verabreichten Schlaftrunk überlebt die Mutter nicht. Faust wird beim Betreten des Hauses gestört, da er mit ihrem Bruder aneinanderstößt. Er tötet diesen. Die Tragödie endet schließlich damit, dass Gretchen gefangen genommen wird. Da sie ihre Schuld erkennt, lässt sie sich auch nicht von Faust befreien.

Neben seinem dichterischen Werk konnte Goethe aber auch in den Naturwissenschaften zu Ruhm gelangen. 1784 entdeckte er den Zwischenkieferknochen und er schrieb ein wichtiges Werk über die Farbenlehre. 1832 starb Goethe in Weimar, wo er zuletzt gewirkt hatte. *(181 Wörter)*

Adjektiv oder Partizip als zweiter Bestandteil einer Verbindung

Wortverbindungen mit einem Adjektiv oder Partizip als zweitem Bestandteil schreibt man getrennt,

→ ***wenn der erste Bestandteil ein Partizip ist,***
drückend heiß, leuchtend blau, gestochen scharf

→ ***wenn der erste Bestandteil ein komplexes Adjektiv ist,***
grünlich gelb, riesig groß, wunderbar warm, endlos lang

→ ***wenn der erste Bestandteil gesteigert oder erweitert ist.***
zu klein geschrieben, leichter verdaulich

A 4 Bringe die Wörter des Satzes in die richtige Reihenfolge und achte dabei auf die Getrennt- bzw. Zusammenschreibung!
Achtung: Hier sind auch Wortverbindungen zerlegt, die eigentlich zusammengeschrieben werden müssen.

1. *verständliche Lehrer spricht eine der schwer Sprache nur*
2. *brand Autofahrer sind gefährlich betrunkene*
3. *ein blendend Braut trägt weißes die Kleid*
4. *beim nervös Spieler war Elfmeterschießen der schrecklich*
5. *verbreitet Aberglaube ist Gesellschaft in der weit der sehr*
6. *Bundesland das ist für Verhältnisse dünn deutsche besiedelt Mecklenburg-Vorpommern ganz*

A 5 Forme aus den folgenden Substantiven ein Adjektiv, indem du die Endsilbe *-ig, -isch* oder *-lich* anhängst!

der Riese – der Himmel – das Mikroskop – die Verführung

Forme mit diesem gebildeten Adjektiv eine sinnvolle Wortverbindung!

Der getrocknete Python

Ein englischer Elektrotechniker entdeckte bei der Reparatur eines brandneuen Wäschetrockners eine ungewöhnliche Fehlerursache: In dem Gerät befand sich eine riesig große Würgeschlange von 1,80 Meter Länge.
Der Käufer des Gerätes hatte sich bei der Firma beschwert, dass der Wäschetrockner nach einmaligem Gebrauch streikte und seine blendend weiße Wäsche nicht trocknete. Wegen der gültigen Garantie holte die Firma das Gerät sofort wieder ab. Ein Mitarbeiter wurde mit der Fehlersuche betraut, wobei er den grünlich gelben Python fand. Der Angestellte sei daraufhin schrecklich nervös durch die Werkhalle gelaufen. „Ich habe ihn noch niemals so weiß im Gesicht gesehen", sagte ein Mitarbeiter.
Auf der Suche nach der Herkunft des Tieres wurde der Kunde befragt, der nur widerwillig und äußerst schlecht gelaunt Auskunft gab. Es stellte sich heraus, dass das Tier ihm gehörte und in seiner Wohnung in den Trockner gekrochen war. Wahrscheinlich liebte die Riesenschlange das feuchte und drückend heiße Klima im Innern des Trockners. Die Hitze hatte sie wohl an ihre tropische Heimat erinnert.
Zum Glück sind Schlangen als wechselwarme Tiere hitzebeständig, und so konnte der Python seinem Besitzer zurückgegeben werden.

(182 Wörter)

Die Geschichte hat sich übrigens tatsächlich so zugetragen.

Verbindungen aus Nomen und Präpositionen

Eine Verbindung aus Präposition und Nomen schreibt man zusammen, wenn das Nomen verblasst und die Verbindung zu einer neuen Präposition bzw. einem Adverb geworden ist *(z. B.: anhand, inmitten, zufolge).*
Viele häufig gebrauchte Verbindungen aus Präposition und Nomen kannst du zusammen- oder getrennt schreiben *(z. B.: anstelle/an Stelle, aufgrund/auf Grund, infrage/in Frage, zugunsten/zu Gunsten).*

A 6 Im folgenden Buchstabenquadrat finden sich mehrere dieser Verbindungen aus Nomen und Präposition, die zu einem Wort verschmolzen sind. Markiere diese Verbindungen mit einem Farbstift!

Z	G	K	F	D	Z	R	I	Z	O	Ü	H
L	G	D	I	M	N	V	Ö	U	L	H	K
V	S	A	N	S	T	E	L	L	E	J	L
N	Ö	J	F	I	T	A	S	I	N	A	J
F	G	H	R	J	K	F	R	E	X	U	Y
F	H	Ö	A	L	O	A	L	B	L	F	H
F	Z	U	G	R	U	N	D	E	K	G	L
G	D	V	E	L	H	S	A	S	Ö	R	L
A	U	F	S	E	I	T	E	N	L	U	Ä
L	F	S	F	J	T	A	G	Ö	K	N	G
K	I	N	M	I	T	T	E	N	Ö	D	F
S	G	H	J	K	L	T	W	E	T	Z	E

A 7 Setze die passende Wortverbindung aus Präposition und Nomen, die du oben gefunden hast, in die nachfolgenden Sätze ein!

→ *Unser Lehrer ist ein schrecklicher Besserwisser. Deshalb darf man sein Wissen niemals* .... *stellen.*

→ *Kamala ist ein Mädchen, das unter Wölfen groß geworden ist. Deshalb fühlt sie sich .... ihres Rudels am wohlsten.*

→ *Mein Onkel ist ein Trinker. Er wird an seiner Sucht noch .... gehen.*

→ *Mathematik interessiert mich nicht. Ich beteilige mich nur meinem Lehrer .... am Unterricht.*

Wortverbindungen aus Präposition und Nomen, in denen das Nomen nicht wirklich verblasst ist, werden getrennt geschrieben. *(z. B.: zu Fuß, zu Ende)*

Parole Emil

Ein kleiner Junge, sein Name ist Emil, reist alleine nach Berlin. Aufgrund ihrer Geldknappheit kann ihn seine Mutter nicht begleiten und so muss er die Reise alleine antreten. Am Bahnhof steckt ihm die Mutter ihr mühselig erspartes Geld zu, das Emil nur ihr zuliebe annimmt. Im Zug lernt er einen Mann kennen, der sich freundlich mit ihm unterhält, dann aber ins Zugrestaurant geht. Emil wird müde, doch er wehrt sich gegen den Schlaf, da er befürchtet, beraubt zu werden. Schließlich schläft er inmitten der Reisenden ein.
Als er erwacht, ist das Geld verschwunden und er verdächtigt den Mann, der sich zuvor mit ihm unterhalten hat. Er blickt aus dem Fenster und erkennt ihn auf dem Bahnsteig, wie er gerade den Bahnhof verlassen will. Anstatt seine Reise fortzusetzen, springt er aus dem Zug und nimmt die Verfolgung zu Fuß auf.
Am Bahnhof erkennt er, dass er bereits in Berlin ist, den Zug aber zu früh verlassen hat. Verloren steht er in den Straßen der Großstadt, doch bald findet er Freunde, die mit ihm die Verfolgung aufnehmen. „Parole Emil" ist ihr Erkennungszeichen. Schließlich können sie den Dieb stellen, der sich als ein gesuchter Schwerverbrecher entpuppt. *(194 Wörter)*

Die Geschichte entstammt dem Buch „Emil und die Detektive" von Erich Kästner.

Gemischte Übungen

A 8 Bei den folgenden kopflosen Wörtern handelt es sich um mehrteilige Adverbien, die zusammengeschrieben werden. Man muss sie sich merken, da die Zusammenschreibung keiner eindeutigen Regel folgt.

U	M	E	L	A	E	I	O
E	S	I	L	N	I	N	T
R	O	T	E	C	N	M	F
S		W	R	H	E	A	A
T		Ä	D	M	T	L	L
		R	I	A	W		L
		T	N	L	E		S
		S	G		G		
			S		E		
					N		

A 9 Trenne die Wörter des folgenden Textes. Dabei musst du natürlich auch die Groß- und Kleinschreibung der Wörter beachten. Markiere zuerst die einzelnen Wörter mit einem Schrägstrich und schreibe ihn dann in richtiger Schreibung ab!

Wolfskinder

imjahre1920gingineinemkleinenindischendorfdasgerüchtum,dassesirgenw
oindernähedesdorfesspuke.eingeistlicherversuchte,demrätselaufdiespurz
ukommen.erfolgteeinesnachtsdengeräuschenausdemwald,dieaufihnschre
cklichwirkten.zuerstkonnteerinderdunkelheitnichtserkennen.beiderquelled
esspuksangelangt,erkannteerzweierwachseneundzweijungewölfe.außerde
mnahmerinderdunkelheitzweischrecklichaussehendemenschlichewesenwa
hr.dieseseltsamefamilieschienengbeieinanderzuliegen.

ohneskrupelwurdendiewölfesoforterschossen,diemenschlichenwesenwurd
enindasdorfgebracht.
eshandeltesichumzweimädchen,derenalteraufachtbeziehungsweiseanderth
albjahregeschätztwurde.dergeistlichenahmdiebeidenkinderdaraufhinmitun
dversuchte,sieallmählichaneinlebeninmenschlichergesellschaftzugewöhnen.

Amala und Kamala

Die beiden Mädchen, die unter Wölfen groß geworden waren, konnten sich zuerst gar nicht an die neue Umgebung gewöhnen.* Sie konnten weder sprechen noch aufrecht gehen. Die Jüngere von beiden, die den Namen Amala erhalten hatte, starb bereits nach einem Jahr.* Der Versuch, einen wilden Menschen an die Gesellschaft zu gewöhnen, war also fehlgeschlagen.*
Bei Kamala, so der Name des älteren Mädchens, schien es langsam aufwärtszugehen. Anstatt auf zwei Beinen zu laufen, benutzte sie zunächst Hände und Knie, um sich fortzubewegen.* Nach drei Jahren gelang es ihr, auf zwei Beinen zu stehen. Doch wenn sie es eilig hatte, rannte sie bis zu ihrem Tod auf allen vieren.*
Sie erkannte lange nicht, dass sie inmitten der menschlichen Gesellschaft zu Hause war, sondern fühlte sich stärker zu Hunden und Katzen hingezogen.* Ihre eigenen Artgenossen mied sie und fauchte sie an. Überhaupt hatte sie große Probleme, sich verständlich zu machen.* Nach sechs Jahren beherrschte sie ungefähr 30 Wörter für Dinge ihrer Umgebung. Nach sieben Jahren bildete sie Kurzsätze.*
Im Alter von 17 Jahren starb Kamala aus ungeklärten Gründen.

(178 Wörter)

Neunmal schleichen sollte reichen.

Fremdwörter

Fremdwörter aus dem Englischen

A 1 Neudeutsch! Versuche im folgenden Text die unterstrichenen Wörter und Ausdrücke durch entsprechende englische Fremdwörter zu ersetzen.

Herrmann griff sich sein amerikanisches Unterhemd in neonfarbenem Rosa, darüber streifte er einen Flanellpullover. Die schwarze Baumwollhose passte gerade eben. Müde nahm er seinen Kaffeebecher und schrieb seinen Einkaufszettel: Haarwaschmittel, Haarsprühmittel, Handsteuergerät für den Rechner, Schuhe ohne Schnürsenkel. Dies erledigt, schnappte sich Herrmann einen Lutscher und ging einkaufen.

A 2 Vokabeln! Liest man eine Zeitung, so braucht man zuweilen ein englisch-deutsches Wörterbuch. Schlage im deutsch-englischen Teil die folgenden Begriffe nach und notiere sie!

Aktionär ▶	**Buchseiten** ▶ ....
Lebensart ▶	**Heim** ▶ ....
Generation ▶	**einkaufen** ▶ ....
kühl ▶	**zeitgemäß** ▶ ....

Die Homepage hat eine andere Bedeutung als die Einzelelemente (vgl. oben). Versuche, diesen Begriff in wenigen Sätzen schriftlich zu erklären.

A 3 Lies den folgenden Diktattext und versuche herauszufinden, was *slip* und *to pamper* auf Englisch bedeuten.

Was ist ein *shareholder* und *lifestyle?* [Wie lautet der deutsche Begriff für *Lolli?*]

„Brave new world“, der Ausdruck gehört nicht in die Gruppe der Fremdwörter, sondern es ist ein Romantitel von Aldous Huxley.

Der Diktattext erinnert eher an „Denglisch“ als an Deutsch. Dabei stammen nicht alle Fremdwörter aus der neuesten Zeit. Markiere die englischen Fremdwörter und trage in eine Liste die neuen und alten Fremdwörter ein.

Was ist nun im Deutschen ein *slip* und wie heißt denn die Unterhose auf Englisch?

Moderne Zeiten!

Zugegeben, das Schwitzhemd klingt neben dem Sweatshirt geradezu abstoßend und Baby klingt netter als Säugling. Aber damit fängt es an: Wir werden in Pampers gewickelt, mit Shampoo wäscht man uns den Kopf und setzt uns einen Babysitter vor. Und haben wir das Lollialter hinter uns, sprayen wir uns gegen eventuelle unangenehme Körpergerüche. Pullover und T-Shirt liegen in fast jedem Kleiderschrank, die modischen Slipper lassen uns up to date erscheinen. Aber richtig cool werden wir nur mit dem richtigen Lifestyle der Computergeneration. Den Joystick schwingend, surfen wir durch die Homepages unserer Freunde und shoppen im Internet. Arbeiten müssen wir nicht mehr, dafür sind wir Shareholders. Brave new world, wenn es nur richtiges Englisch wäre und nicht zum Teil auf das berüchtigte Lübke-Niveau absinken würde, oder warum glauben sonst viele Deutsche, dass die Briten unter der Hose Slips tragen und die Schotten nix? *(143 Wörter)*

Fremdwörter aus dem Französischen

A 4 Setze die französischen Fremdwörter ein!

engagieren, Nugat, Jalousie, Portemonnaie, Mayonnaise, Coupon, Restaurant, Niveau, Fritteuse, Orange, Toilette, Parfüm

1. Der Inhaber des .... nur ausgebildetes Fachpersonal.
2. In einem Lokal von .... hat eine .... angeblich nichts zu suchen.
3. .... mit dem Aroma von .... ist der Verkaufsschlager der Süßwarenabteilung.
4. Im .... steckte der .... aus der Reinigung.
5. Der Lehrling kippte heimlich die geronnene .... in die ....
6. Im Haus stank es, denn als das Zimmermädchen die .... hochzog, stieß es das .... um.

A 5 Versuche, mit den folgenden Wörtern eine Geschichte zu schreiben – sie darf ruhig absurd sein. (Die Nomen können teilweise auch in Verben umgewandelt werden.)

Jongleur - Orangen - Portemonnaie - Friseur - Mayonnaise - Parfüm - Engagement - Installateur - Chance - Fritteuse

A 6 Wörtertrennung! Sie gestaltet sich bei Fremdwörtern manchmal schwierig. Versuche folgende Wörter so oft zu trennen wie möglich!

Installateur **Orange** **Sauciere**

Chance **Restaurant** **Engagement**

Toilette **Jalousie** **Parfüm** **Nugatcreme**

Feine Küche

„Alles eine Soße", schimpfte der Küchenchef. „Ich möchte einmal die Chance haben, dieses Restaurant auf einem hohen Niveau zu führen. Dazu brauche ich engagierte und fähige Mitarbeiter!"
Der junge Mann an der Spülmaschine sah sich um: Im Entree stand, gelangweilt und in ein Fußballmagazin vertieft, der Sommelier, sein billiges Parfüm roch man bis in die Küche. Der Oberkellner sortierte gerade die faulen Orangen aus dem Obstwagen, während die anderen Kellnerinnen sich auf der Toilette verabredet hatten.
Die Saison hatte gerade angefangen und nichts funktionierte. Die Jalousien vor den Fenstern hingen schief in ihren Führungen, die Kasse druckte nur unleserliche Coupons aus, im Kühlwagen schmolz die Nugatcreme und der Jungkoch hatte gerade die Mayonnaise mit Bravour gerührt, sodass sie geronnen war, in der Fritteuse müffelte das Fett – aber die Kundschaft der Autobahnraststätte störte sich nicht daran. Hauptsache, das Portemonnaie wird gezückt und gezahlt.

(144 Wörter)

Ein *Sommelier* ist ein Weinkellner, das *Entree* ist der Eingang.

Fremdwörter aus dem Lateinischen

Ein großer Teil unseres Wortschatzes stammt aus dem Lateinischen. Zu allen Zeiten gab es Entlehnungen aus dieser Sprache. Zuweilen ist es schwierig zu entscheiden, woher das Fremdwort wirklich stammt, da vieles vermittelt durch die romanischen Sprachen auch auf das Lateinische zurückzuführen ist.

A 7 Ersetze im folgenden Text die unterstrichenen Ausdrücke durch die genannten Fremdwörter!

Disposition, Expertenkommission, konsequent, diskutieren, Reform, restaurativ, Orthografie (griechisch)

Die Erneuerung der Rechtschreibung wurde in einer Gruppe von Fachleuten zehn Jahre lang, von der Öffentlichkeit weitgehend unbeachtet, erörtert. Von der durchgehenden Kleinschreibung bis zur Wiederherstellung alter Regeln aus dem 19. Jahrhundert stand alles zur wissenschaftlichen Verfügung.

A 8 Versuche, das entsprechende Fremdwort aus dem Diktattext herauszufinden und trage es ein!

a) 1. *Folgen:* ....

2. *Mehrheit:* ....

3. *verstehen:* ....

4. *Preisträger:* ....

5. *Schriftsteller:* ....

6. *Gegen-:* ....

7. *Befragung, Abstimmung:* ....

8. *medizinisches Messer:* ....

9. *aufzeigen:* ....

10. *Ergebnis:* ....

11. *Erneuerung:* ....

12. *Zustimmung:* ....

b) Trage zu den Nomen das entsprechende Verb ein!

Reform ▶ ....

Demonstration ▶ ....

Resultat ▶ ....

Applaus ▶ ....

9 Finde Reimwörter zu den folgenden Ausdrücken!

Die Resonanz auf die .... war enorm.

Auf des Arztes Appell brachte die Schwester das ....

Die Maus erntete großen ....

Er hielt sich für einen großen ...., war jedoch nur ein kleiner Tor.

Die neue deutsche Rechtschreibung

Das Resultat der Expertendiskussion überzeugte in der Öffentlichkeit anfangs nur wenige. In Schleswig-Holstein wurde 1998 sogar ein Referendum gegen die Reform angestrengt, das zwar keine Konsequenzen hatte, aber dennoch die Stimmung gegen die Bemühungen der Wissenschaftler demonstrierte. Applaus ernteten der spätere Nobellaureat Grass und andere Autoren, die sich gegen die reformierten Ausgaben ihrer Opera/Werke verwahrten. Wie mit dem Skalpell herausgeschnitten zählten die Kritiker einzelne Wörter, es waren oft Fremdwörter, auf und verurteilten das neue Regelwerk in Bausch und Bogen. Die Front der Anti-Bewegung hat aber nachgelassen, seitdem wesentliche Zeitungen und Zeitschriften sowie die Schulen die neuen Regeln anwenden. Absolution wird nur die Zeit erteilen, wenn sich die Majorität der Bevölkerung an die Regeln gewöhnt hat. Irgendwann wird sich nur noch die ältere Generation an die alten Regeln erinnern. *(129 Wörter)*

Fremdwörter aus dem Griechischen

Fremdwortübernahmen aus dem Griechischen sind meist älteren Ursprungs oder stammen aus der medizinischen oder technischen Fachsprache. (Manchmal werden hier jedoch lateinische und griechische Wortelemente zugleich benutzt: Television, gebildet aus der Vorsilbe *tele*, griechisch für fern *[vgl. Teleskop, Telefon]*, und *vision*, lateinisch für das Sehen, der Anblick, die Erscheinung.)

A 10 Versuche, aus folgenden Wortelementen Fremdwörter zu bilden und schlage im Duden nach, ob sie so existieren.

- **tele-** *fern*
- **-grafie** *Geschriebenes*
- **-loge** *Kundiger, Forscher, Wissenschaftler*
- **thermo-** *Wärme, Wärmeenergie, Temperatur*
- **-logie** *Lehre, Wissenschaft*
- **-graf** *Schreiber*
- **bio-** *Leben*
- **-skop** *sehen*

A 11 Diese aus dem Griechischen stammenden Nomen können zu Adjektiven umgeformt werden. Bilde aus ihnen mit den unten genannten Nomen ganze Sätze.

Sympathie, Sinfonie, Chaos, Pädagoge, Telefon, Katastrophe, Hektik, Skandal, Theater, Mathematik

.... Mensch	.... Konzert
.... Lösung	.... Auftritt
.... Gespräch	.... Zimmer
.... Spiel	.... Unwetter
.... Fernsehsendung	.... Eile

A 12 Wortsalat! Setze die Wörter wieder zusammen.

Arthri-se, Tra-ma, päda-strophal, Cha-lekt, Dra-gödie, Dia-os, Gynä-stat, Kri-tis, kata-gogisch, Thermo-kologe

Kein guter Tag

Kommissar Philipp Alexander hatte einen hektischen Tag vor sich.* Da seine Frau schwanger war und zum Gynäkologen musste und das Auto brauchte, bestellte er sich telefonisch einen Dienstwagen zu sich nach Hause.* Der kam erst eine Stunde später. Bereits auf der Treppe bemerkte er sein Rheuma, das durch Arthritis noch verstärkt wurde, und spürte, dass dies ein katastrophaler Tag werden würde.*
Doch die Krise ließ noch auf sich warten. Zunächst teilte ihm sein Fahrer in breitestem hessischen Dialekt mit, dass der Thermostat in seinem Dienstzimmer kaputt und die Heizung ausgefallen sei.* Die Frankfurter Metropole rückte immer näher und der Fahrer, immer fröhlich brabbelnd, erzählte,* auf dem Flughafen sei wegen einer Bombendrohung das schiere Chaos ausgebrochen.*
Über das Autotelefon kam die Nachricht, dass Alexander genau dort erwartet werde,* weil ein hoffnungslos überforderter Pädagoge die Hälfte seiner Klasse vermisste und einer der Gymnasiasten sich bereits in das Flugzeug nach Athen geschmuggelt hatte.* Seufzend verabschiedete sich Alexander von seinem Vorhaben, am Abend im Stadttheater die neunte Sinfonie von Gustav Mahler hören zu können.

(173 Wörter)

Neunmal schleichen sollte reichen!

Fremdwörter aus aller Welt

Schon immer wurden Begriffe aus anderen Sprachen übernommen, um bestimmte Dinge genau zu bezeichnen. Häufig geschieht dies in der Politik – vgl. aus neuerer Zeit z. B.: Mullah, Ayatollah, Muslim –, aber beim Essen und Trinken sind die Anleihen wohl dauerhafter: Tomate, Kartoffel, Spaghetti und Joghurt lassen sich so schnell nicht mehr von unserer Speisekarte streichen.

A 13 Der Diktattext auf Seite 77 gibt dir Hinweise, welche Wörter hier fehlen.

Seit dem Schüleraustausch mit Jaffa unterhielt Kevin eine Brieffreundschaft mit Ben, einem gleichaltrigen israelischen Schüler. In einem Brief klärt Ben Kevin über die Speisevorschriften auf: „Wir essen sehr gerne .... mit ...., aber es darf kein Fleisch dabei sein. Mein Leibgericht sind .... mit Hackfleischsoße, die darf aber nicht mit Sahne gekocht sein. An den .... hier gibt es keinen ...., sondern Falaffel, das sind mit Fleisch und Gemüse gefüllte Fladenbrote. Gefillte Fisch gehört auch zu meinen Leibspeisen, mit Krabben wird das Essen aber ...."

Outlandish! Setze die Wörter richtig zusammen!

Toll-ziki, Za-toffel, Spa-mok, Ki-mate, A-patsch, Kar-ghetti, To-bab, Ke-osk

A 14 Setze die gesuchten Begriffe ein!

1. *großes Durcheinander* **2.** *chinesische Topfpfanne* **3.** *japanische Spezialität aus rohem Fisch und Reis* **4.** *etwas verderben, etwas durcheinanderbringen* **5.** *Milchprodukt, durch Bakterienkulturen entstanden* **6.** *italienische Nudelsorte* **7.** *ungeschickter Mensch* **8.** *Verkaufsstand* **9.** *würziger Quark mit Knoblauch* **10.** *türkische Spezialität*

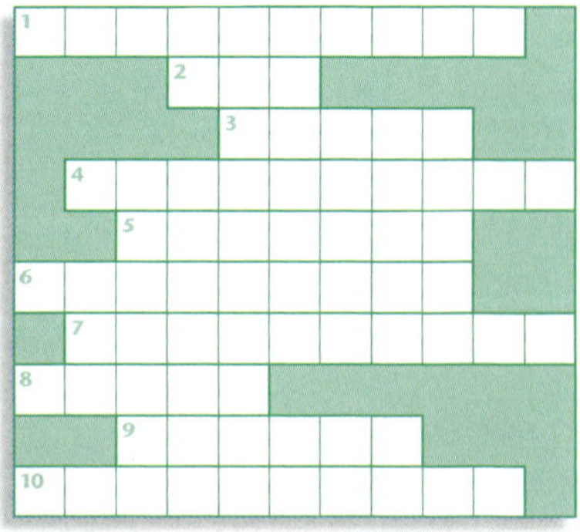

A 15 Versuche, aus den Wörtern des Kreuzworträtsels zu den unterstrichenen Wörtern ein Reimwort zu finden!

Kommissar Brunetti isst gern ....

Im Matsch wird so mancher zum ....

Die Flussfurt besteht nicht aus ....

Fremde Speisen

Die Speisevorschriften in Israel sind für Nichtjuden kompliziert. Schweinefleisch darf nicht gegessen werden, Meerestiere unterliegen einer Differenzierung: Fisch darf gegessen werden, Krustentiere dagegen nicht. Joghurt und Tomate passen zusammen, aber nicht Lamm und Joghurt. Der beliebte Dönerkebab mit Zaziki aus dem Straßenkiosk ist für einen strenggläubigen Juden ein Tabu. Es darf auch kein Tollpatsch, der in der Küche nicht zwischen den unterschiedlichen Töpfen und Tellern zu unterscheiden vermag, Koch sein. Denn in den Töpfen für Milch darf kein Fleisch gebraten werden. Passiert dies dennoch, ist alles vermasselt, weil das Geschirr dann unkoscher ist. Dies bedeutet, dass das Essen nach den rituellen Speisegesetzen nicht rein ist.
Wie viel einfacher haben es da die Chinesen! In einem Wok kann man nahezu alles zubereiten, ohne ein spültechnisches Tohuwabohu anzurichten. Auch wenn die Kartoffel in neuerer Zeit in Asien bekannt wurde, isst man immer noch viele Nudeln, die nicht wie Spaghetti aus Weizenmehl und Wasser hergestellt sind, sondern aus Reis gemacht werden. Benutzt der Koch ein säbelartiges Messer, mit dem er scheinbar Amok läuft, und liegen am Ende kleine Sushiröllchen vor dem Gast, dann befindet man sich in einem japanischen Lokal. *(189 Wörter)*

Gleich und ähnlich klingende Laute

das und dass

Das und dass kannst du unterscheiden, wenn du daran denkst, welche grammatische Bedeutung diese Wörter haben:

1. *Das schreibt man, wenn es sich um einen unbestimmten Artikel oder ein Pronomen handelt. Statt das kann man auch dieses oder welches einsetzen!*
2. *Dass schreibt man, wenn es sich um eine Konjunktion handelt.*

A 1 Setze *das* oder *dass* in die Lücken ein!

1. .... war .... Höchste, was er erreichen konnte.
2. Bertolt Brecht sagte einmal, ... Land unglücklich sei, ... Helden nötig habe.
3. .... ist ja wohl .... Letzte!
4. .... du mir geholfen hast, ... werde ich dir nie vergessen.
5. Ich dachte mir schon, ... schiefgeht.
6. Nur .... Tun beweist, ... man etwas kann.

A 2 Bilde aus jedem der Satzpaare einen Satz, der sich in Haupt- und Nebensatz gliedert. Verwende entweder das Relativpronomen *das* oder die Konjunktion *dass*!

Beispiel: Ich behaupte etwas. – Er ist ein Lügner.
▶ *Ich behaupte, dass er ein Lügner ist.*

→ Er hasst es! – Er muss warten.

____

→ Das Mädchen gefällt mir. – Es hat feuerrote Haare.

____

→ Ich verstehe das nicht. – Immer bist du so ein Miesepeter.

→ Das Haus ist total schief. – Es ist das schönste Gebäude in der Straße.

→ Er hat schon so viele Bücher gelesen. – Er hält sich für einen wahren Schlauberger.

→ Das kann doch wohl nicht wahr sein! – Er ist schon wieder im Unterricht eingeschlafen.

Was für ein Piratenleben!

Das Leben eines Piraten stellen wir uns abenteuerlich und wild, frei und ungebunden vor. Und wir denken, dass ein Pirat immer ein Feind von Gesetz und Ordnung ist. Doch die Geschichte der Seeräuberei zeigt, dass Schiffe auch im Auftrag einer Regierung gekapert wurden. Krieg führende Staaten stellten sogenannte Kaperbriefe aus, die private bewaffnete Schiffe ermächtigten, feindliche Handelsschiffe zu entern. Kaperschiffe waren ein rechtmäßiges Kriegsmittel.
Spanien, das lange Zeit die mächtigste Flotte hatte, wurde von den anderen europäischen Seemächten bekämpft, indem sie Seefahrer durch Kaperbriefe zu legalen Freibeutern machten. Dass das Leben als Seeräuber, das nicht selten am Galgen endete, sogar einen Adelstitel einbringen konnte, erfuhr der berühmte irische Freibeuter Henry Morgan. Seine Raubzüge waren so erfolgreich, dass er als größter Schrecken der Spanier galt. 1682 wurde er daraufhin vom englischen König geadelt.
Die Karriere eines Piraten begann nicht selten auf einem Schiff, das von Seeräubern gekapert wurde. Der Besatzung eines überfallenen Schiffes blieb oft nur die Wahl zwischen Mitmachen oder dem Gang über die Planke. Die Zustände auf Handels- und vor allem Kriegsschiffen waren häufig so schlecht, dass die Seeleute das neue Piratendasein schließlich sogar bevorzugten. *(190 Wörter)*

Der s-Laut: *s*, *ss* und *ß*

Für den s-Laut gibt es im Deutschen drei Schreibungen: s, ss oder ß. Aber es gibt ein paar Regeln, die dir bei der Entscheidung, welche Schreibung richtig ist, helfen:

- → *Nach Konsonanten steht immer nur s.*
- → *Wer ein gutes Gehör hat, kann auch feststellen, dass der stimmhafte s-Laut immer nur mit s geschrieben wird (z.B. lesen).*
- → *Ein ß kann nur nach einem langen Vokal oder einem Diphthong stehen.*
- → *Nach einem kurzen Vokal schreibt man fast immer ss.*

A **3** Finde die Wörter mit s-Laut im Kreuzworträtsel!

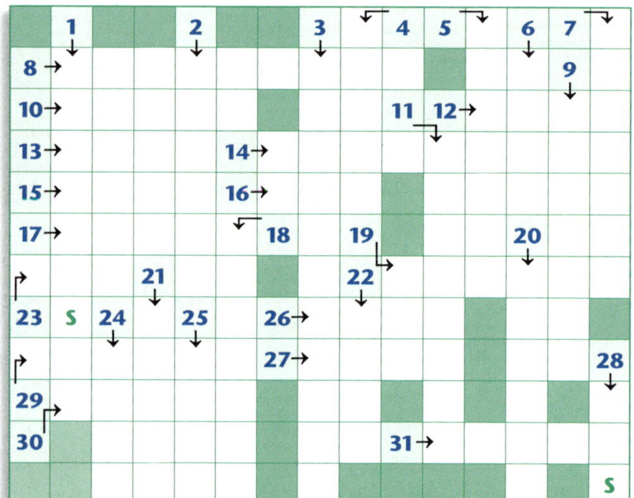

__1__ (auf-)schreiben __2__ einer Pflanze Wasser geben __3__ öffentliches Verkehrsmittel innerhalb einer Stadt __4__ Behälter __5__ Beifall __6__ Daraus kann man Popcorn machen __7__ böse __8__ nicht im Gedächtnis behalten, entfallen __9__ Ende __10__ saure Flüssigkeit __11__ eine Waffe abfeuern __12__ Ausweis __13__ Königin der Blumen __14__ schrecklich, furchtbar __15__ Wassergefährt aus Baumstämmen __16__ bayerische und österreichische Getränkeeinheit, vor allem für Bier __17__ Gegenteil von innen __18__ leicht regnen __19__ Streitgespräch __20__ Auszeichnung (Plural) __21__ Gerät, mit dem man den Boden fegen kann __22__ folglich, demnach __23__ höchste Karte im Kartenspiel __24__ öde, leer __25__ Fluss, der durch München fließt __26__ Sinnesorgan __27__ ausschließlich, nur __28__ besonders in islamischen Ländern getragene Kopfbedeckung, die nach einer gleichnamigen marokkanischen Stadt benannt wurde __29__ hieb-und stichfester Beleg __30__ hartschalige Frucht (Plural) __31__ Feuchtigkeit

A 4 Bei manchen Verben wechseln die Vokale und deren Länge in den verschiedenen Zeitformen, sodass auch der s-Laut unterschiedlich geschrieben wird. Bilde zu den folgenden Verben die Verbformen und suche verwandte Wörter!

Verb	3. Person Singular Präsens	1. Person Singular Präteritum	Partizip Perfekt	verwandtes Nomen	verwandtes Adjektiv
lassen					
fließen					
wissen					
essen					
genießen					
beißen					

Test

Rassismus hält sich hartnäckig

Der Begriff „Rasse“ bedeutete ursprünglich „Geschlecht, Familie, Stamm“. Im 18. Jahrhundert hieß man die Untergruppen einer Tierart Rassen. Im 19. Jahrhundert bewies der Naturwissenschaftler Charles Darwin, dass die Evolution der verschiedenen Tierarten auf dem Prinzip der natürlichen Auslese fußt. Dieser Prozess führe dazu, dass sich immer die Cleversten, Stärksten und somit Überlebenstüchtigsten durchsetzen. Die Vorstellung, dass es unter den Menschen überlegene und unterlegene „Rassen“ gibt, ist schon älter. Bereits während der Kolonialisierung der Welt durch die europäischen Staaten seit dem 16. Jahrhundert wurden die Eingeborenen der begehrten Länder als minderwertige Wesen betrachtet. Die sogenannte weiße „Rasse“ galt als naturgemäß überlegen. Seit dem 19. Jahrhundert wurde versucht, unter- und überlegene Rassen z. B. durch das Messen des Kopfumfanges wissenschaftlich zu definieren. Alle diese Versuche scheiterten schließlich. Ziel der Rassisten war es, die eigene, vermeintlich überlegene Rasse aus der „Natur“ herzuleiten. Dass Rassismus bis heute dennoch eine Rolle spielt, liegt daran, dass gesellschaftliche Außenseiter als Sündenbock benutzt werden. Unter dieser Rolle müssen häufig Ausländer, Asylanten sowie ethnische und religiöse Minderheiten maßlos leiden. *(174 Wörter)*

e und ä, eu und äu

Falls du Probleme mit der Unterscheidung von e und ä sowie eu und äu hast, denke daran, dass sich zu den meisten Wörtern mit ä oder äu verwandte Wörter mit „a" oder „au" finden lassen** (z. B. überschwänglich/Überschwang, Gräueltat/Grauen)**!

A 5 In den folgenden Text haben sich neun Fehler eingeschlichen. Findest du sie alle? Schreibe die Wörter in ihrer korrekten Form auf. Und weißt du, wer gemeint ist?

Wer wars?

Geboren wurde er am 30. 3. 1853 in einem kleinen hollendischen Dorf. Er war eher ein verschlossenes Kind, ging gerne spazieren und interessierte sich für Pflanzen und Tiere. In der Schule war er mittelmäßig und unauffellig. Mit 15 Jahren verließ er die Schule. Seine Zukunft schien vorgezeichnet zu sein. Ein Onkel vermittelte dem Jungen eine Stelle als Verkeufer bei einem Kunsthändler in Den Haag.

Im Laufe seines weiteren Lebens war die Beziehung zu seinem jüngeren Bruder besonders wichtig. Vor allem der rege Briefwechsel mit seinem Bruder verret viel über ihr Leben. Zunächst gefiel dem jungen Mann seine Arbeit. Seinem Bruder berichtete er überschwenglich, dass Kunsthandel ein wunderbares Geschäft sei. Das ist umso erstaunlicher, da er den Kunsthandel später verabschäute und als Schwindel bezeichnete. Er arbeitete eine Zeit lang in London, verliebte sich dort in die Tochter der Zimmerwirtin, erlebte aber eine bittere Entteuschung.

Schließlich wurde er nach Paris versetzt, kündigte aber bald seine Stellung. Er fuhr wieder nach England und arbeitete dort als Lehrer. Doch das wehrte nicht lange, denn er war sich unsicher, wie sein Leben weitergehen sollte. Er fühlte sich nun zum Priester berufen und begann, Theologie zu studieren. Als er 1878 durch die Prüfung gefallen war, ging er als Laienprediger in das belgische Bergbaugebiet Borinage, wo er seine wahre Leidenschaft entdeckte: Er fing an, regelmeßig zu zeichnen und zu malen.

(Falls du noch nicht weißt, welche berühmte Persönlichkeit gemeint ist, wirst du im Diktat noch mehr erfahren.)

A 6 Bilde mit den Wortteilen Wörter mit *e, ä, eu* oder *äu* und finde zu den Wörtern mit *ä* oder *äu* ein verwandtes Wort mit „a“ oder „au“.

L **GEB** **H** **SCHL** **N** **R** **B** **FR** **SCH**

+ E/Ä EU/ÄU +

TE **CHEN** **TEN** **DER** **EN** **CHE** **DE** **E** **MEN** **SAL** **CHTE** **GE**

Leute, läuten → laut, ...

Von Krähen und Ähren

Er zeichnete und malte oft ganze Nächte lang. Nach Jahren des Zweifels und der Fehlschläge hatte er seine Berufung gefunden. Wie ein Besessener arbeitete er an seinen Gemälden. Anfangs wollte er vor allem das Leben der Ärmsten der Armen wiedergeben. Er zeichnete Bergleute, Bauern und Bäuerinnen. Eines seiner frühen Gemälde, „Die Kartoffelesser“, zeigt eine Bauernfamilie bei ihrem kärglichen Abendessen. Ein Freund des Malers nannte es auf grandiose Weise hässlich.
Er malte außerdem viele Landschaftsbilder, Stillleben und Porträts, auch etliche Selbstporträts. 1888 zog er in die südfranzösische Stadt Arles, wo er unablässig arbeitete. Er malte dort verschiedene Gebäude, z. B. ein Nachtcafé oder das gelbe Haus, in dem er wohnte. Kornfelder, Landschaften mit Zypressen oder ein Sämann waren weitere Motive, die der Künstler mit wilden, dicken Pinselstrichen wiedergab.
Doch seinen schöpferischen Kräften haftete auch etwas Selbstzerstörerisches an. Er erlitt mehrere psychische Zusammenbrüche und schrieb seinem Bruder 1889, dass er unter ständiger ärztlicher Kontrolle sein wolle. Deshalb verbrachte er die letzten Monate seines Lebens in einer Nervenheilanstalt. Eines seiner letzten Bilder ist das düstere „Kornfeld mit Krähen“. Kurz nach Vollendung dieses Gemäldes nahm er sich das Leben. *(189 Wörter)*

ent und end

Der Unterschied zwischen den beiden Vorsilben ent und end ist nicht zu hören. Ein Wort wird mit der Vorsilbe end geschrieben, wenn seine Bedeutung etwas mit „Ende" zu tun hat. Wörter mit der Vorsilbe ent haben inhaltlich oft mit „wegnehmen", „weggeben" oder „loswerden" zu tun.

A 7 Finde die gesuchten Wörter mit *ent/Ent* oder *end/End!* Die weiß markierten Felder ergeben ein synonymes Wort für „etwas aus jemandem herausbringen".

antworten

unabänderlich, unwiderruflich

aufdecken, finden

kündigen

ewig, unaufhörlich

Entscheidung

(sich) ausziehen

Finale (im Sport)

Plan, Skizze, Konzept

A 8 Verbinde die Wortteile mit den Vorsilben *ent/Ent* oder *end/End* und sortiere sie.

-täuschen, -lichkeit, -ergebnis, -spannt, -gelt, -effekt, -scheidung, -spurt, -fernen, -silbe, -reim, -gegen, -zündung, -runde, -behren, -sagen, -schuldigung, -lager

Wörter mit *ent/Ent:*

Wörter mit *end/End:*

Endgültige Weisheiten

Kommt es dir nicht auch manchmal so vor, als hätten sich deine Eltern an irgendeinem Punkt in ihrem Leben entschieden, unendlich vernünftig zu werden und jeglichem Unsinn zu entsagen? Wir kennen doch alle diese endlosen Vorträge darüber, was man als Heranwachsender zu tun und zu lassen hat. Natürlich zeigen meine Eltern Verständnis dafür, dass ich als Jugendlicher noch weit von ihrer Vollkommenheit entfernt bin.

Aber wie leicht ist es doch, die Willkür und Eitelkeit ihrer Alltagsweisheiten zu entlarven. Sind meine Eltern zufrieden mit mir, bekomme ich nicht selten den Spruch „Der Apfel fällt nicht weit vom Stamm" zu hören. Sind sie dagegen enttäuscht oder gar entsetzt, bin ich für meinen Vater plötzlich ausschließlich das Kind meiner Mutter. Meine Mutter kommt dann meistens zu dem Endergebnis, dass mein Verhalten überhaupt nicht ihrem Erziehungskonzept entspricht.

Für Eltern ist es auch immer entscheidend, dass man nicht für die Schule, sondern für das Leben lernt. Im Endeffekt meinen es meine Eltern natürlich nur gut. Doch wer will sich schon ständig dafür entschuldigen, dass er nicht genug an die Zukunft denkt, sondern stattdessen entschlossen das süße Leben entdeckt! *(185 Wörter)*

wieder und wider

***Die beiden Wörter wieder und wider klingen gleich. Oft tauchen sie in zusammengesetzten Wörtern auf. Es hilft dir, wenn du auf die Bedeutung der Wörter achtest: Wörter mit der Vorsilbe wieder haben inhaltlich mit „noch einmal“** (z.B. wiederbekommen),* ***Wörter mit der Vorsilbe wider mit „gegen“ zu tun** (z.B. Widerstand).*

A 9 Setze *wieder* oder *wider* in die Lücken ein.

Vielmännerei

In unserer Gesellschaft scheint es eine un............legliche Tatsache zu sein, dass eine Ehe von zwei Menschen geschlossen wird. Im fernen Nepal ....spricht das den Gewohnheiten des Stammes der Nyinba. Wenn im Tal der Nyinba eine Hochzeit arrangiert wird, dann vermählt sich eine Frau nicht nur un-............ruflich mit einem Mann, sondern sie heiratet zugleich alle seine Brüder. In dieser Tradition spiegelt sich die wirtschaftliche Situation dieses Volkes .... In der kargen Landschaft kann ein Mann allein keine ganze Familie ernähren. Eine Hochzeit ist für den Vater der Männer eine sehr teure Angelegenheit, die ihn .... besseres Wissen an den Rand des Ruins treiben kann. ....willig lässt er sich auf der Familienkonferenz darauf ein, eine bestimmte Anzahl an Yaks oder an Hektar Land abzugeben, um danach seinen Reichtum .... aufzubauen.

Diese Ehen sind jedoch nicht frei von Eifersucht. Immer .... betrachten sich die Brüder als ....sacher. Als es zum ....holten Male zu Streit gekommen war, gab eine junge Frau gegenüber einer europäischen Besucherin zu, dass es ein echtes Problem sei, bei wem sie schlafen soll. Aber sie entwickelte ihre eigene Strategie, um dieses Problem zu entschärfen: „Zeige ich mich einem meiner Männer gegenüber ....borstig oder gar ....spenstig, achte ich darauf, dass er mehr zu essen bekommt. So wird die Harmonie ....hergestellt.“

A 10 Bilde aus den Wortteilen zusammengesetzte Wörter mit *wieder* oder *wider* und sortiere sie.

-haken, -lich, -beginn, -vereinigung, -rufen, -erobern, -käuen, -herstellen, -fahren, -stand, -wärtig, -geben, -wort, -wahl

Wörter mit *wieder:*

Wörter mit *wider:*

Küsse sind tabu!

Es gilt eigentlich als unwiderlegbar, dass die amerikanische Filmindustrie die Kinos dieser Welt beherrscht.* Doch in Indien stößt Hollywood auf Widerstand. Die indische Filmhauptstadt Bombay wird zwar auch Bollywood genannt, doch indische Unterhaltungsfilme sind keine Wiederholungen amerikanischer Vorbilder.* Sie dauern drei bis vier Stunden und in ihnen wird gesungen und getanzt.* Es widerspricht den Gepflogenheiten, zwischen zwei Tanz- und Gesangseinlagen mehr als zwanzig Minuten verstreichen zu lassen.*
Die Liebesgeschichte, die indische Filme meistens wiedergeben, darf alles Erotische nur andeuten, um nicht den Widerwillen traditionell oder religiös geprägter Menschen zu erregen.* Deshalb schwenkt die Kamera unwiderruflich aus dem Bild, sobald es zu einem Kuss kommt.* Ein wiederkehrendes Motiv ist etwa der Tanz des Liebespaares um einen Baum oder im strömenden Regen. Als Kulisse dienen immer wieder die Schweizer Alpen.*
Dem indischen Publikum bescheren diese Filme unwiederbringliche Stunden. Im Kino wird laut geschrien, aber noch mehr gelacht und geklatscht oder sogar mitgesungen.* Die schöne heile Welt, die dem Zuschauer präsentiert wird, ist für die Masse des indischen Publikums aber wohl auch deshalb so unwiderstehlich,* weil sie in auffälligem Widerspruch zur Wirklichkeit steht. *(185 Wörter)*

Zehnmal schleichen sollte reichen!

seid und seit

Um die beiden Wörter seid und seit unterscheiden zu können, musst du immer darauf achten, um welche Wortart es sich handelt: Seit ist eine temporale Präposition, während seid die 2. Person Plural des Hilfsverbs „sein" ist.

A 11 In dem folgenden Brief an seine Eltern hat Kai ein paar Fehler gemacht. Findest du sie alle?

Liebe Mama, lieber Papa,

ihr seit mir doch bestimmt nicht böse, dass ich heute mal wieder die Schule geschwänzt habe, oder? Seid ich nicht mehr so oft in die Schule gehe, sind meine Noten viel besser geworden. Das ist ein Prozess, den ich schon seit Langem beobachte. Seid ihr nicht auch froh, dass ich jetzt viel ausgeglichener bin? Denn seid ich mir auch mal eine Pause von der Schule gönne, stehe ich einfach seltener unter Strom. Ihr seit doch auch mal jung gewesen und ahnungslos an die Tafel gerufen worden, wo ihr vor Scham beinahe umgekommen seid?
Ich rechne jetzt fest damit, dass ihr mittlerweile vernünftig seit und euch wie „echte" Erwachsene verhaltet. Seid Kurzem fragen die Lehrer nämlich häufiger bei mir nach, wann ich endlich die versprochenen Entschuldigungen bringe. Und ihr seit doch bestimmt auch nicht so scharf darauf, dass ich Ärger bekomme? Wir kennen uns ja nun schon seid Jahren und immer seid ihr verständnisvoll gewesen.
Für den Fall, dass ihr wider Erwarten doch wütend seid, bin ich zu meinem Freund Patrick gegangen. Ich will euch etwas Zeit geben, sodass ihr in der Lage seit, in Ruhe über alles nachzudenken.
Bis bald,

euer Kai

PS: Außerdem seit ihr ja Zeugen, dass ich viel weniger Rechtschreibfehler mache, seiddem ich die Schule nicht mehr so verbissen sehe.

A 12 Setze *seit* oder *seid* in die Lücken ein.

1. ……….. ihr nicht mehr hier ……….., ist es ganz schön langweilig geworden.
2. ……….. ihr schon ……….. Langem hier?
3. Ihr wollt mir also allen Ernstes erzählen, dass ihr schon ……….. Stunden fleißig ………..?
4. Ihr ……….. ja schon müde, ……….. ihr hier ………...

Popband

Seit die Popband „Die gesetzesgläubigen Halsabschneider“ mit ihrem letzten Album wochenlang auf Platz eins der Hitparaden steht, werden die Bandmitglieder als neue Helden der Musikszene gefeiert. Unsere Zeitung führte ein Interview mit ihnen.
Wie fühlt ihr euch, seit ihr als Stars gefeiert werdet und nun berühmt seid?
„Eigentlich hat sich noch nicht so viel geändert. Aber diese große Popularität genießen wir ja erst seit Kurzem. Ich hoffe dennoch, dass ich niemals den Satz hören muss: »Seit man euch feiert, seid ihr andere Menschen geworden.«“
Ihr denkt also, dass ihr auf dem Teppich geblieben seid, seit ihr solchen Erfolg habt?
„Aber ja, ich denke, dass es erst problematisch wird, wenn alle etwas von uns wollen und jeder sagt: »Ihr seid so oder so und müsst jetzt dies oder jenes tun.«“
Seid ihr eigentlich stolz auf eure Lieder?
„Nein, ich empfinde nur Stolz, wenn ich jemanden auf der Straße eines unserer Lieder singen höre. Seit ich denken kann, finde ich, dass Musik eigentlich niemandem gehört. Für mich sind unsere Lieder wie Kinder; und wenn ich sie dann auf der Straße höre, denke ich: »Ihr seid jetzt erwachsen geworden.«“ *(186 Wörter)*

ei und ai

A 13 Sortiere die folgenden Wörter in die unten stehende Tabelle! Zur Hilfe kannst du ein Fremdwörterbuch benutzen.

Saite, meistens, Training, Leiche, Laib, heilen, Aids, Saison, leise, bleiben, Kaiser, Detail, Reim, naiv, fair, Medaille, Waise, Feier, laichen, Wein, Taille

Wörter mit *ei*	Wörter mit *ai*	Fremdwörter

Die Diphthonge ei und ai werden meist gleich ausgesprochen. Mit ai schreibt man nur wenige Wörter. In Fremdwörtern taucht der Diphthong ai häufiger auf; er wird aber in der Regel anders ausgesprochen. In ganz wenigen Fällen entscheiden allein ei oder ai über die Bedeutung eines Wortes (z. B. Seite – Saite).

A **14** Bilde mit den Wortteilen zusammengesetzte Wörter und schreibe sie auf.

begreiflicher- *Volks-* *Voll-* *Violin-* *Rück-* *Buch-* *Schreib-* *Brot-*

Seite(n)/ Saite(n)
Leib/Laib
Waise(n)/ Weise(n)

-haftig *-rente* *-lang* *-eigene* *-garde* *-instrument* *-haus* *-verkehrt* *-ausgang* *-kind*

Wörter mit *ei*

Wörter mit *ai*

Test

Die unweigerlich größte Frage

Was ist eigentlich Liebe, und was Verliebtsein? Manchmal dauert es nur einen Augenblick und man ist heillos verliebt. Ein leichtes Lächeln, eine sanfte Bewegung, ein zärtlicher Blick, und schon kann selbst der einfallsloseste Mensch seitenlange Briefe schreiben oder die schönsten Verse reimen. Urplötzlich will man andere Saiten aufziehen, alles anders machen, ein anderer Mensch werden. In allem sieht man einen Beweis für die gegenseitige Vorbestimmtheit der Liebe.
Frisch Verliebte sehen die Welt mit anderen Augen. Fühlten sie sich gestern noch einsam und verlassen wie ein Waisenkind, so kommen sie sich auf einmal wie der leibhaftige Kaiser von China vor. Seltsamerweise sehen frisch Verliebte vieles seitenverkehrt. Was sie zuvor als naiv und eitel abtaten, darauf achten sie auf einmal bis ins kleinste Detail.
Doch nach dem Verliebtsein stellt sich die Frage nach der „wahren", der „großen" Liebe. Wie es dann weitergeht, steht auf einem ganz anderen Blatt. Und man beginnt zu ahnen, warum Liebespärchen im Kino erst gar nicht zueinanderfinden können oder warum der Film unfairerweise endet, solange sie noch frisch verliebt sind. *(178 Wörter)*

Gemischte Übungen

A 15 Löse das folgende Kreuzworträtsel!

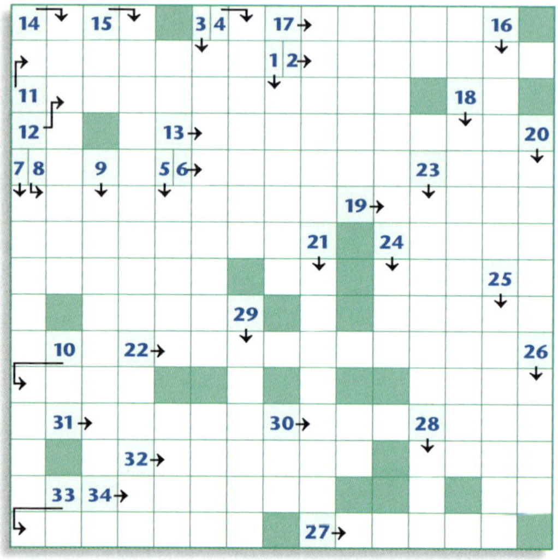

1 *Gegenteil von schwer* **2** *Ende* **3** *ausziehen* **4** *Reim auf der letzten Silbe* **5** *Zimmer; Gebiet (Wort im Plural)* **6** *Man sagt, dass Hunde, die bellen, nicht ...* **7** *Gegenwehr, Auflehnung* **8** *abstoßend, ekelhaft* **9** *klar, unmissverständlich* **10** *Strick, Leine* **11** *Volkserzählung* **12** *gemein, unanständig, anstößig* **13** *Gewächshaus* **14** *Gegenteil von schön* **15** *zumachen* **16** *bequeme Sitzgelegenheit* **17** *Eifer, Strebsamkeit* **18** *unzugänglich, verschlossen* **19** *Streit, Zorn, Wut* **20** *runde geometrische Figur* **21** *unbewusste Hirntätigkeit während des Schlafs* **22** *entwirren, entschlüsseln, auflösen* **23** *Dieb* **24** *höchste Karte im Kartenspiel* **25** *letztlich, vergänglich* **26** *Behälter, in dem z. B. Bier oder Wein gelagert wird* **27** *Gegenteil von arm* **28** *großer Raubfisch* **29** *Trinkgefäß (Wort im Plural)* **30** *Wonnemonat* **31** *Unordnung, Durcheinander* **32** *Gegenteil von lieben* **33** *dunkel werden* **34** *drehen, kurbeln*

A 16 Setze die passenden Buchstaben in die Lücken ein.

Rollerblades sind klasse, aber wie kann man mit ihnen bremsen?

Sei... es Rollerblades, eine zeitgem......e Form der Rollschuhe, gibt, wird diese neue Fr.....zeitbesch....ftigung von immer mehr Menschen en....deckt. Doch sei.... ihr nicht auch schon einmal dem absch......lichen Problem begegnet, wie ihr am Ende eines Gef...lles wieder zum Stehen kommt, und habt um L.....b und Leben gefürchtet? Da hilft es bisw.....len auch wenig, da..... man mit all den Arm- und Beinschonern wie eine aus dem Zoo en....laufene Panzerechse aussieht.

Das Bremsen ist also äu....erst wichtig. Will man das t.....flisch hohe Tempo, da..... man zeitw.....se err....cht, dro......eln, so mu..... man den Schuh, an dem der Stopper ist, nach vorne und die Fu....spitze nach oben ziehen. Geht man in die Knie, erhöht sich der Bremsdruck zus....tzlich.
Manche haben es allerdings gar nicht so ......lig, das Bremsen zu lernen. Denn ist es nicht auch unw.....derstehlich, einem gut aussehenden Jungen oder Mädchen hilflos en....gegenzufliegen und en....lich in seinen beziehungsw.....se ihren rettenden Armen zu landen?

Entsetzliche Aufschneider?

Jeder ihrer Auftritte ist ein Ereignis, das einem Triumphzug ähnelt. Dass der rote Teppich nicht ausgerollt wird, scheint für sie schon fast eine enttäuschende Erfahrung zu sein. Die Rede ist von Angebern, die es einfach nicht lassen können, sich auf überschwängliche Weise selbst zu feiern.
Ständig müssen sie ihren Zuhörern und Zuschauern weismachen, was für heldenhafte Taten sie geleistet haben. Seltsamerweise befindet sich in jeder Klasse mindestens ein solcher Prahlhans, dessen Arm sogar bei rhetorischen Fragen pfeilschnell in die Höhe schießt. Angeber sind in besonderem Maße von ihrem Publikum abhängig. Sie lechzen nach ungläubigen Blicken, wenn sie ihre Märchengeschichten erzählen.
Aber es gibt entscheidende Unterschiede zwischen Angebern. Es gibt widerlich „schlechte“ Angeber, die verabscheut werden. Sie versehen jede Frage, die an einen anderen gestellt wird, mit dem hämischen Kommentar: „Ist ja kinderleicht, das weiß ich ja schon, seit ich denken kann!“
Und es gibt „gute“ Angeber, die wissen, wann die Zeit reif für ihren Einsatz ist. Sie sind keine Schwätzer, die um jeden Preis im Zentrum des Interesses stehen müssen. Und was wäre das Leben eigentlich ohne Angeber? Es gäbe keine Popkultur und die Städte wären samstagabends ausgestorben.

(190 Wörter)

Worttrennung

Fremdwörter

Mehrsilbige Wörter werden nach Sprechsilben getrennt.

Mül - ler, Ho - tel, Bal - kon

Etwas schwieriger ist diese Regel der Worttrennung auf Fremdwörter anzuwenden, da uns hier die richtige Betonung nicht immer vertraut ist und es Buchstabenfolgen gibt, die im Deutschen ansonsten nicht vorkommen. Die Regel lässt hier in vielen Fällen zwei verschiedene Möglichkeiten der Trennung zu.

Beispiel: *Pub - li - kum, auch: Pu - bli - kum*
Dip - lom, auch: Di - plom
Feb - ru - ar, auch: Fe - bru - ar

Merke: ***Fremdwörter können entweder nach den deutschen oder nach den Regeln der Herkunftssprache getrennt werden!***

A 1 Ordne die folgenden Fremdwörter der richtigen Definition in der Tabelle zu und zerlege sie dann in Silben!

Chiffre - Magnet - Persiflage - Zyklus - Industrie

Definition	Fremdwort	Silbentrennung
sich regelmäßig wiederholender Ablauf:		
Körper, der eisenhaltige Stoffe anzieht:		
Gesamtheit der Fabrikbetriebe:		
Kennziffer für Zeitungsanzeigen:		
geistreiche Verspottung:		

Fremdwörter können auch aus zwei (Fremd-)Wörtern oder einer Vorsilbe und einem Fremdwort zusammengesetzt sein. In diesem Fall werden die Bestandteile voneinander getrennt.

kapital-intensiv (Fremdwort + Fremdwort)
in-akzeptabel (Vorsilbe + Fremdwort)

A 2 Forme aus den folgenden Fremdwörtern und Vorsilben sinnvolle zusammengesetzte Fremdwörter!
Achte dabei auch auf die Groß- und Kleinschreibung!

pro- · a- · ir- · des- · in- · syn-

-gramm · -sozial · -interesse · -offiziell · -chron · -typisch · -real

Die Konsonantenverbindungen ph, rh, sh und th werden in Fremdwörtern nicht getrennt.

Stro-phe, ka-tho-lisch

Trennung von *st*

Die Trennung am Zeilenende erfolgt nach Sprechsilben. Auch die Konsonantenverbindung st kann nach dieser Regel getrennt werden. *(z. B. Hus-ten, Kas-ten)*

A 3 Trenne die folgenden Wörter, soweit dies möglich ist.

- *die Weste* → *die* Wes-te
- *die Gäste* → *die* ....
- *die Liste* → *die* ....
- *die List* → *die* ....
- *die Geste* → *die* ....
- *das Gesteck* → *das* ....
- *gestern* → ....
- *die Kosten* → *die* ....

Die Konsonantenverbindung st tritt häufig an Wortfugen auf. Wenn eine Wortfuge getrennt wird, dann erfolgt die Trennung nach den ursprünglichen Wörtern.

Buch-stütze, Gast-stätte

A 4 Forme aus den folgenden unsinnigen Wörtern sinnvolle Verbindungen und trenne sie an der Wortfuge!

Gasstück – Rastgeschäft – Haustank – Beweisspiel – Gasttür – Verluststätte

Gas-.................. ....-.................. ....-..................

..................-.................. ....-.................. ....-..................

A 5 Trenne den folgenden Text in seine Sprechsilben!

Lehrer vergessen

Auf der Rückfahrt von einer Klassenfahrt hat eine Schülergruppe den Lehrer an einer Raststätte vergessen. Der Pädagoge hatte sich zu dem von ihm angegebenen Abfahrtstermin noch in der Gaststätte aufgehalten. Von der Haustür des Gebäudes aus sah er noch den abfahrenden Reisebus. Die Schüler bemerkten den Verlust allerdings nicht.
Um sich zu trösten, kehrte der Lehrer in die Gaststätte zurück, wo er ein Würstchen zu sich nahm. Leider hatte er seinen Geldbeutel in dem Bus vergessen. So kam es auch noch zum Zwist mit dem Kassierer.
Schließlich musste die Polizei den Fall aufnehmen. Die Beamten verfolgten anschließend mit dem Lehrer die Schülergruppe.

Allgemeiner Übungsteil

1

Vorlesen des gesamten Textes	→ Möglichkeit, den Text kennen zu lernen
Vorlesen eines Satzes	→ Kennenlernen des ganzen Satzes, um auch seine grammatische Struktur zu verstehen
Diktieren dieses Satzes in Teilabschnitten	→ Gelegenheit, den Text in überschaubaren Abschnitten zu schreiben
Wiederholung von Schritt 2 und 3 durch den ganzen Text	→ Schreiben des ganzen Textes
nochmaliges Vorlesen des gesamten Textes	→ Gelegenheit zu überprüfen, ob man alle Wörter richtig verstanden und aufgeschrieben hat
Zeit zum Kontrollieren und Verbessern	→ Möglichkeit, die richtige Schreibung nochmals in Ruhe zu bedenken

2 Folgende Tipps sind falsch:
- ⊗ Sichtschutz bauen, damit der Nachbar nicht abgucken kann.
- ⊗ Schauen, ob der Nachbar auch alles so geschrieben hat wie man selbst.
- ⊗ Bloß schnell abgeben, damit man Richtiges nicht doch noch falsch schreibt.

3 **Die indianischen Wappenpfähle**

In den sesshaften Indianergemeinschaften an der nordamerikanischen Pazifikküste entwickelten sich Standesunterschiede zwischen Adeligen, Gemeinfreien und Sklaven. Letztere waren vor allem Kriegsgefangene, aber auch Schuldsklaven, die sich selbst beim Glücksspiel verspielt hatten. Im wörtlichen Sinn herausragende Beispiele der monumentalen Holzskulptur der amerikanischen Nordwestküste sind die figürlich beschnitzten Baumstämme, die man auch unter dem irreführenden Namen „Totempfähle" kennt. Da sie in bildhafter Form die Vorrechte der örtlichen Adelsfamilien zeigen, ist der Ausdruck „Wappenpfähle" wesentlich angemessener. Viele von ihnen beschreiben Mythen, in denen der Ursprung der adligen Privilegien geschildert wird. Sie dienen als Pfosten im Hausinnern, als große Eingangspfosten, als Grabpfosten oder frei stehende Gedenkpfosten. Die ersten europäischen Besucher der Nordwestküste bekamen allerdings nur wenige solcher Pfähle zu sehen. Die auffallende Zunahme der Wappenpfähle im 19. Jahrhundert verdankte man dem Import von Metallwerkzeugen und dem durch den Pelzhandel gestiegenen Reichtum des Adels.

4 **Eine olympische Tradition**

Die ersten Spuren der griechischen Leidenschaft für athletische Wettbewerbe finden sich in den Heldenepen Homers. Die bedeutendsten Spiele waren die von Olympia. Sie fanden alle vier Jahre im Sommer statt, und nichts, nicht einmal Kriege, waren Grund genug, sie ausfallen zu lassen. Es existierte ein Abkommen, das den Teilnehmern die ungehinderte Reise durch Krieg führende Länder zusicherte. Den genauen Beginn der Spiele weiß man nicht. Gezählt wurden sie ab 776 vor Christus, als zum ersten Mal die Namen der Spieler aufgezeichnet wurden. Anfangs durften an den Spielen nur Griechen teilnehmen, Jahrhunderte später auch die wettkampfliebenden Römer. Von Tiberius und Nero weiß man, dass sie persönlich an Wagenrennen teilgenommen haben, der auch bei den Zuschauern mit Abstand beliebtesten Disziplin.

„Athlet" bedeutet wörtlich „Jäger des Preises", und obwohl die offiziellen Preise nur symbolischen Wert besaßen, wurden die Sieger in ihrem Heimatort als

Helden gefeiert. Überschüttet mit Geschenken und erheblichen finanziellen Zuwendungen, erhielten sie auch freie Kost und Logis bis an ihr Lebensende.

1. Zeichensetzung

1 → Zum Ende des Schuljahres wird unser Berufspraktikum stattfinden. | → Wenn ich doch nur einen Praktikumsplatz in einer Tierarztpraxis bekäme! | → Hast du dich schon einmal bemüht, dort einen Praktikumsplatz zu bekommen? | → Ich habe mich an so viele Praxen gewandt und nachgefragt, ob ich dort für drei Wochen arbeiten dürfe.

1. *Ein Punkt steht am Ende eines abgeschlossenen und vollständigen Satzes, das heißt eines Satzes, der mindestens ein Subjekt und ein Prädikat enthält. (Beispiel: Sie lernt.) Nach einer Überschrift steht kein Punkt.*
2. *Ausrufe, Aufforderungen, Befehle und Anreden werden mit einem Ausrufezeichen abgeschlossen. Darüber hinaus kann man auch besonders wichtige Aussagen durch den Gebrauch eines Ausrufezeichens hervorheben.*
3. *Es gibt zwei Arten von Fragen, die einen werden durch ein Fragewort eingeleitet und die anderen erkennt man an der Wortstellung. Am Anfang dieser Fragen steht nämlich die Personalform des Verbs. Beide Arten von Fragen werden durch ein Fragezeichen abgeschlossen.*

2 **1.** *c) Kann ich mal zu einem Vorstellungsgespräch in Ihre Praxis kommen?* **(Vorschlag)**
2. *b) Vor dem Gespräch war ich ganz schön nervös!* **(Vorschlag)**
3. *c) Vor allem aber musst du zuverlässig und verantwortungsbewusst sein.* **(Vorschlag)**

3 ***Bei Aufzählungen steht immer ein Komma, wenn die einzelnen Wörter oder Wortgruppen nicht durch ein „und" oder „oder" verbunden sind.***

1. Unsere alte, von Frau Heinz eingerichtete Schülerbücherei soll in eine moderne, benutzerfreundliche Mediothek umgewandelt werden. | **2.** Alle Jugendromane, Sachbücher und Lexika erhalten eine neue Signatur. | **3.** Kassetten, CDs und CD-ROMs werden auch in den Bestand der Mediothek aufgenommen. | **4.** Natürlich kann man demnächst auch die heiß begehrten aktuellen Computerspiele für zwei Tage ausleihen.

4 Um Geld für Neuanschaffungen zu bekommen, veranstalten wir einen Bücher-Flohmarkt, auf dem wir alte uninteressante Bücher günstig verkaufen wollen. Schon seit einiger Zeit haben wir in der ganzen Schule auffällige farbige Plakate dafür aufgehängt. Besonders Kinderbücher, Jugendromane und veraltete Sachbücher bieten wir zu einem Spottpreis an. Wir haben auch um Bücher-, CD- und Kassettenspenden gebeten. Zuerst schauen wir, ob wir spannenden unterhaltsamen Lesestoff für unsere Mediothek finden, ansonsten bieten wir die Bücher zu attraktiven günstigen Preisen auf dem Flohmarkt an. Den Zustand von Comics, Reiseführern und Kochbüchern untersuchen wir erst ganz genau, bevor wir sie annehmen. Natürlich werden wir in den kommenden Jahren zum Schulfest immer unsere interessantesten aktuellen Neuanschaffungen präsentieren.

5 Als uns unsere Lehrerin neulich fragte, was denn der Unterschied zwischen Protestanten und Katholiken sei, haben wir uns alle fragend und mit den Achseln zuckend angeschaut. Weil Imke sowohl schon einmal in einem evangelischen Gottesdienst als auch in einer katholischen Messe war, konnte sie berichten, dass die Pfarrer unterschiedlich gekleidet sind. Während wir weiter überlegten, schlug Niclas vor, sich im Internet zu informieren. Nachdem wir in der Suchmaschine unsere Stichwörter eingegeben hatten, wurden so viele Verweise angegeben, dass sich jede Gruppe eine bestimmte Anzahl aussuchte und genauer recherchierte. So können wir hinterher unsere Erkenntnisse zusammentragen, wenn jede Gruppe ihre Aufgabe erledigt hat.

Bei allen Nebensätzen steht die Personalform des Verbs am Ende des Satzes und alle Nebensätze werden durch ein Komma – wenn sie eingeschoben sind, durch ein paariges Komma – vom Rest des Satzes abgetrennt.
Konjunktionalsätze werden durch unterordnende Konjunktionen *(dass, weil, obwohl, als, wenn, sodass etc.)* ***eingeleitet.***

6 → Weil wir zurzeit das „Projekt: Schülerzeitung" durchführen, schreiben alle in unserer Klasse über unterschiedliche Themen. *oder:* Wir führen zurzeit das „Projekt: Schülerzeitung" durch, sodass alle in unserer Klasse über unterschiedliche Themen schreiben. | → Nachdem Thea sich über mehrere Themen informiert hat, hat sie sich entschieden, eine Reportage über eine Frau als Kraftfahrzeugmeisterin zu schreiben. | → Julian wird über das Leben einer Artistenfamilie in einem Zirkus berichten, da gerade ein berühmter Zirkus in unserer Stadt ist. | → Marie begleitet nach der Schule eine Streetworkerin, damit sie etwas über das Leben der Straßenkinder in unserer Stadt erfährt. | → Einige haben ihre Themen gar nicht verraten, sodass wir auf die fertige Zeitung ganz schön gespannt sind. | → Ich werde mir einen Traum erfüllen und über unseren kleinen Flugplatz berichten, weil ich vom Fliegen schon immer fasziniert war.

7

1. *Zuerst habe ich mich über die Geschichte der Fliegerei informiert, sodass ich in meinen Artikel auch ein paar geschichtliche Daten einfließen lassen konnte.*
2. *Da die Menschen zu allen Zeiten von der Fortbewegung in der Luft träumten, wurden schon in der Antike fantastische Geschichten über das Fliegen erzählt.*
3. *Zum Beispiel die Geschichte von Ikarus und Dädalus: Obwohl Dädalus seinen Sohn davor gewarnt hatte, mit den mit Wachs verklebten Federn nicht zu nah an die Sonne zu kommen, wagte sich Ikarus dennoch in gefährliche Höhen hinauf und stürzte ab.*
4. *Nachdem es den Brüdern Montgolfier 1783 gelungen war, mit ihrem Heißluftballon in die Lüfte aufzusteigen, nahm die moderne Luftfahrt langsam ihren Lauf.*
5. *Ein weiteres Kapitel der Luftfahrt wurde eingeläutet, als Graf Zeppelin im Jahre 1900 den ersten Probeflug mit seinem Luftschiff LZ 1 machte.*

8 → *Früher habe ich über meinen Bruder, der schon lange in einem Chor singt, immer gelacht.* | → *Wenn er donnerstags zur Probe, zu der er bei Wind und Wetter fuhr, musste, habe ich mich gemütlich vor den Fernseher gesetzt.* | → *Irgendwann haben mich meine Eltern dann jedoch mit zu einem Konzert geschleppt, bei dem auch der Chor meines Bruders gesungen hat.*

Relativsätze bestimmen ein vorausgehendes Nomen oder Pronomen näher!
Relativsätze werden durch ein Relativpronomen eingeleitet und durch ein Komma – wenn sie eingeschoben sind, mit paarigem Komma – vom übrigen Satz abgetrennt!

9 ▶ *Der Chor, in dem mein Bruder mitgesungen hat, hat Gospels und Spirituals vorgetragen.* | ▶ *Vorher hatte ich mir darunter Kirchenlieder, die bestimmt ziemlich unmodern sind, vorgestellt.* | ▶ *Schließlich probte der Chor auch in einem Kirchenraum, den sie umsonst zur Verfügung gestellt bekommen hatten.* | ▶ *Die Lieder, die der Chor vorgetragen hat, haben mir gut gefallen.* | ▶ *Aber nicht nur die Musik, sondern auch die gute Stimmung, die der Chor ausstrahlte, hat mich mitgerissen.* | ▶ *Am Ende klatschten alle Zuhörerinnen und Zuhörer, die sich von ihren Plätzen erhoben hatten, begeistert Beifall.*

10

	direkte Frage	**indirekte Frage**
eingeleitet durch	*Fragewort*	*das gleiche Fragewort*
	Personalform des Verbs	*„ob"*
Wortstellung	*Personalform des Verbs am Anfang*	*Personalform des Verbs immer am Ende*
	Personalform des Verbs an zweiter Stelle	
Modus	*Indikativ*	*Konjunktiv*
Zeichensetzung	*Anführungszeichen*	*Komma zwischen indirekter Rede und Begleitsatz*
	Komma zwischen wörtlicher Rede und Begleitsatz	

11 → *Letzte Woche wollte unsere Lehrerin wissen, welche Berufe wir kennen würden.* → *Außerdem interessierte sie, ob wir genau über die einzelnen Tätigkeiten Bescheid wüssten.* | → *Natürlich fragte sie auch, woher wir unser Wissen hätten.* | → *Zum Schluss erkundigte sie sich, wer schon einen konkreten Berufswunsch hätte.* | → *Einige Mitschülerinnen und Mitschüler fragten nach, wo man sich über die unterschiedlichen Berufe näher informieren könnte.*

12 ▶ *Zuerst fragte er, ob wir schon einen konkreten Berufswunsch hätten.* | ▶ *Dann wollte er wissen, ob uns vor allem der Verdienst wichtig sei.* | ▶ *Er erkundigte sich auch danach, wie wichtig uns eine geregelte Arbeitszeit sei.* | ▶ *Ob wir für eine Stelle auch in eine weit entfernte Stadt ziehen würden, war seine nächste Frage.* | ▶ *Außerdem interessierte ihn, welche Rolle Aufstiegs- und Karrierechancen bei unserer Berufswahl spielen würden.* | ▶ *Ob wir gerne mit Menschen umgehen oder eher Schreibtischhocker seien, diese Frage war ihm besonders wichtig.* | ▶ *Er fragte, ob wir Kunden zum Kauf eines bestimmten Produkts motivieren könnten.* | ▶ *Eine weitere wichtige Frage war, ob wir körperlich fit seien und ob schwere körperliche Arbeit uns nichts ausmache.*

13
- → In der Jungsteinzeit benutzten die Menschen Werkzeuge aus Stein, um ihre Arbeiten zu verrichten. *(Infinitivgruppe ist mit „um" eingeleitet:* ***Komma notwendig.****)*
- → Die Männer waren dazu übergegangen, an ihren Pfeilen Spitzen aus Feuerstein zu befestigen. *(Das Wort „dazu" weist auf die folgende Infinitivgruppe hin:* ***Komma notwendig.****)*
- → Für die Frauen war es durch die Verwendung von Mahlsteinen möglich, das Korn zu mahlen. *(Das Wort „es" weist auf die folgende Infinitivgruppe hin:* ***Komma notwendig.****)*
- → Auf den kleinen Äckern in der Nähe der Siedlung pflegten die Frauen und Männer mit gezähnten Feuersteinschneiden das Getreide zu schneiden. *(Kein Hinweis, keine Wiederaufnahme:* ***kein Komma notwendig.****)*
- → Die Männer gaben sich beharrlich Mühe, Baumstämme mit Steinbeilen zu bearbeiten und zu zerkleinern. *(Infinitivgruppe ist von „Mühe" abhängig:* ***Komma notwendig.****)*

14 → Die Römer scheinen schon viele Berufe gekannt zu haben. | → Sowohl aus antiken Berichten als auch von Wandmalereien oder Ausgrabungen kann man versuchen Erkenntnisse zu gewinnen. | → In Pompeji ist es Wissenschaftlern gelungen, eine Bäckerei auszugraben. | → Dort hatten Sklaven die Aufgabe, große Mahlsteine zu bewegen. | → Sie waren den ganzen Tag gezwungen mit Holzbalken, die in die Ränder gesteckt wurden, die Mahlsteine zu drehen. | → Zahlreiche Sklaven hatten ihr Leben lang das Los, solch monotone Aufgaben zu verrichten. | → Auch während des ganzen Mittelalters waren es die Menschen gewohnt, viele einfache Tätigkeiten mit den Händen zu erledigen.

15
→ *„Sollen wir nicht unseren nächsten Wandertag planen?", fragte unsere Klassensprecherin in der letzten großen Pause.*
→ *Lisa war sofort Feuer und Flamme: „Ich würde gerne in einen Freizeitpark fahren."*
→ *„Aber eine schöne Städtetour", versuchte Maximilian die anderen zu überzeugen, „kann auch sehr interessant sein."*
→ *„Immer diese Bildungstrips!", stöhnte Sophia.*

16 In der nächsten Stunde hatten wir bei unserem Klassenlehrer Geschichte. „Ihr habt euch anscheinend schon auf zwei Alternativen geeinigt", stellte er zufrieden fest. „Dann brauchen wir ja nur noch abzustimmen." „Moment einmal", warf Fabian ein, „so schnell geht es aber nun doch nicht!" Sarah unterstützte ihn und fragte: „Können wir nicht erst noch einmal die einzelnen Argumente nennen?" „In einem Freizeitpark", warf Lisa sofort werbend ein, „kann jeder machen, wozu er Lust hat." „Willst du einen Ausflug mit der ganzen Klasse machen oder möchtest du mit uns gar nichts zu tun haben?", hielt Julia dagegen. „Bei einer Städtetour könnten wir natürlich auch noch einkaufen." Jan kannte ihre Hintergedanken und fragte deshalb: „Suchst du mal wieder nach einer Gelegenheit, dein Geld in CDs zu investieren?" „Außerdem ist es ja auch ein Schulausflug", versuchte Maximilian noch einmal sein Glück, „da können wir auch ruhig mal eine gute Stadt- oder Museumsführung machen." „Streber!", erklang es gleichzeitig aus mehreren Ecken.

17 ***Zitate sind wörtliche Übernahmen aus geschriebenen oder gesprochenen Texten. Wenn man einen Text schreibt und dabei Teile aus anderen Texten übernimmt, muss man das mit Anführungszeichen kenntlich machen. Das Zitat selbst darf dabei nicht verändert werden.***
Frau Heinz, die nun schon neun Jahre an unserer Schule ist, hat mir letzte Woche ihr „erstes richtiges Interview" gegeben. Als die Stelle an unserer Schule ausgeschrieben war, hat sie sich, die „eigentlich einen geruhsamen Job beim Bauamt" hatte, entschlossen, in die Schule zu gehen. Neben dem selbstständigen Arbeiten hat sie besonders der „Kontakt zu den Jugendlichen" gereizt. Leider hat sie nicht so lange Ferien wie wir, weil gerade vor Beginn des neuen Schuljahrs „alle Klassenlisten neu erstellt oder bearbeitet werden" müssen. Insgesamt fühlt sie sich an unserer Schule jedoch „sauwohl", besonders die jährlichen Schulfeste sind für sie „immer wieder ein tolles Erlebnis."

18 Als wir in der Schule von unserer geplanten Tour berichtet haben, wurden einige neidisch. Nachdem viele interessiert nachgefragt hatten, haben wir beschlossen, dass wir nach unserer Rückkehr eine Diashow veranstalten. Natürlich haben wir uns alle Adressen aufgeschrieben, damit wir jedem und jeder eine Ansichtskarte schreiben konnten. Da wir zu sechst unterwegs waren, war es auch kein Problem, interessante lustige Karten zu schreiben. Die Daheimgebliebenen haben sich anscheinend öfter getroffen, sodass alle auch über die Texte der anderen Karten informiert waren.

19 **1. Beispielsatz: Wörtliche Rede, Begleitsatz** „So eine tolle Tour müssten wir jedes Jahr einmal machen", haben wir zwischendurch immer wieder gesagt.
2. Beispielsatz: Hauptsatz, Relativsatz Besonders gut gefallen haben uns die Campingplätze, die mitten im Grünen lagen.
3. Beispielsatz: Infinitivgruppe wieder aufgenommen Bei gutem Wetter zu zelten, das ist wirklich eine schöne Sache.
4. Beispielsatz: Aufzählung Natürlich muss man jeden Morgen das Zelt, den Rucksack und die Isomatte auf dem Fahrrad verstauen.
5. Beispielsatz: Konjunktionalsatz, Relativsatz, Hauptsatz Weil nicht jede ein Zelt brauchte, das doch relativ schwer ist, hatten die anderen Platz für Nahrungsmittel.
6. Beispielsatz: Infinitivgruppe angekündigt Meine Aufgabe war es, ausreichend Wasserflaschen mitzunehmen.

2. Groß- und Kleinschreibung

1 ***Aus Nomen entstandene Präpositionen, Adverbien, Pronomen und Zahlwörter wie trotz, anfangs, diesmal, ein paar, dank, laut, morgens, rechtens, angesichts, gewissermaßen werden kleingeschrieben.***

2 **1.** Daniela hatte zum Dank für ihre Mithilfe am Morgen ein Paar Inlineskates bekommen. | **2.** Nun wollte sie die Skates trotz des Nieselregens zum ersten Mal ausprobieren. | **3.** Die Bahn inmitten der Stadtwiesen war glücklicherweise nur wenig befahren. | **4.** Zwar stand Daniela anfangs etwas unsicher auf den Schuhen. | **5.** Aber dank ihrer Körperbeherrschung fuhr sie bald einigermaßen sicher. | **6.** Nach ein paar zaghaften Versuchen lief sie aus voller Kraft in der Mitte einer Gruppe Jugendlicher. | **7.** Leider mussten alle angesichts des über alle Maßen zunehmenden Regens aufhören.

3 **a.** *unser Möglichstes | dieses Rot | das Gegebene*
b. *zum Besten | aufs Gleiche | im Folgenden*
c. *alles Gute | nichts Neues | jeder Beliebige*

4 **1.** Rot | **2.** Wichtiges | **3.** Interessantes für Groß und Klein | **4.** Folgendes | **5.** Lustiges | **6.** Gebratenes | **7.** Arm und Reich | **8.** Ähnliches

5 **1.** *das Beste* | **2.** *aufs Beste/beste* | **3.** *im Geringsten* | **4.** *der geringste* | **5.** *die Kleinsten* | **6.** *am kleinsten*

6 **1.** Von klein auf | **2.** Über kurz oder lang | **3.** schwarz auf weiß | **4.** bis auf Weiteres | **5.** gegen bar.

7 ***Sie werden großgeschrieben, wenn sie als Nomen (Substantiv) auftreten.***

8 Zwei | D/dutzende | viert | H/hundert

9 **1.** *Viertel nach eins.* | **2.** *Ein Drittel* | **3.** *einen viertel Zentner / einen Viertelzentner* | **4.** *ein Achtel* | **5.** *drei viertel acht* | **6.** *Eine viertel Million* | **7.** *eine Achtelnote* | **8.** *drei hundertstel Sekunden / drei Hundertstelsekunden* | **9.** *drei Viertel*

10 Tempo hundertdreißig | Ende der Neunziger | der siebziger Jahre / der Siebzigerjahre | Du wirst fünfzig? | ihren Achtzehnten | in den sechziger Jahren / Sechzigerjahren

11 Liebe Julia, schöne Ferien für D/dich und D/deine Familie! Ich hoffe, dass I/ihr fröhliche Tage verlebt und dass E/euch E/eure alte Klapperkiste von Auto auf E/eurer Fahrt an die Küste nicht im Stich lässt. Liebe Julia, erinnerst D/du D/dich daran, dass D/du mir versprochen hast, von D/deiner Reise eine Kleinigkeit mitzubringen? Falls der Platz in E/eurem Wagen es zulässt, wünsche ich mir von D/dir einen schönen Stein, den D/du selbst gefunden hast. Nur dann bringt er D/dir und mir Glück! Ich erwarte D/dich schon ungeduldig! Dein Mark

Sehr geehrte Frau Knopf, sehr geehrter Herr Knopf! Auch im Namen meiner Eltern möchte ich Ihnen für Ihre Glückwünsche zu meiner Konfirmation herzlich danken. Bestimmt haben Sie sich lange überlegt, womit Sie einem Fußballnarren wie mir eine Freude machen können. Die Einladung zum Länderspiel war Ihrerseits eine tolle Idee! Vermutlich haben Ihre Kinder Ihnen diesen Tipp gegeben, indem sie an ihre eigenen Wünsche gedacht haben. Ich freue mich schon auf einen schönen Nachmittag mit Ihnen und Ihrer Familie. Ihr Sebastian

12 **1.** „Der dritte Mann" | **2.** „Die Zauberflöte" | **3.** „Wir Kinder vom Bahnhof Zoo" | **4.** „Verbotene Liebe" | **5.** „Der Glöckner von Notre-Dame" | **6.** „Mona Lisa" | **7.** „Durchs wilde Kurdistan"

13 → „Räubern" | → „Kleinen Nachtmusik" | → „Glöckners von Notre-Dame" | → „Kleinen Prinzen" | → „Fliegenden Pferd" | → „Ersten Ritter"

14 ○ *darwinschen* | ○ *buddhistischen* | ○ *kopernikanische* | ○ *heinischen* | ○ *einsteinschen*

15 **1.** Die platonische Liebe | **2.** Eine kafkaeske Situation | **3.** Ein freudscher Versprecher | **4.** Ein salomonisches Urteil | **5.** Ein faradayscher Käfig | **6.** Das ohmsche Gesetz

16 ▶ Kopf-an-Kopf-Rennen | ▶ Sowohl-als-auch | ▶ Trimm-dich-Pfad | ▶ Auf-der-faulen-Haut-Liegen | ▶ Schau-mir-in-die-Augen-Kleines-Masche | ▶ Duty-free-Shop | ▶ In-den-April-Schicken | ▶ Make-up-Entferner

17 **1.** x-Achse | **2.** dass-Satz | **3.** das i-Tüpfelchen | **4.** pH-Wert | **5.** km-Zahl | **6.** i-Punkt

18 → Herr Janz sagte: „Wir treffen uns um 9 Uhr vor der Schule." | → Bettina fragte: „Kann ich zehn Minuten später kommen?" | → Sie erklärte: „Mein Bus ist erst um 9 Uhr 5 an der Haltestelle." | → Herr Janz sagte: „Dann musst du dich beeilen." | → Er erklärte: „Jeder muss eine Regenjacke mitbringen." | → Tim fragte: „Warum?" | → Alex meinte: „Wegen der Tropfsteinhöhle."

19 **1.** *Insgesamt haben …* | **2.** *eine verschleppte Grippe.* | **3.** *drei Linienhefte …* | **4.** *Wer andern …* | **5.** *Ich denke …* | **6.** *Ü/überall entstehen …* | **7.** *verheiratet.* | **8.** *schnellstens anzurufen …* | **9.** *das Fußballtraining …*

3. Getrennt- und Zusammenschreibung

1 → Die schöne Aline fällt in dieser Klasse sofort auf. | → Der Außenverteidiger kann nach seiner schweren Verletzung nicht mit dem linken Fuß auftreten. | → Der verwundete Spieler hält seine Schmerzen nicht mehr aus und wird ausgewechselt. | → Ich gebe ein Spiel niemals vor dem Schlusspfiff auf. | → Der Plan für den großen Bankraub schlug fehl. | → Aufgrund des verlorenen Spiels wirft der Trainer seinen Job hin.

2 **Mathematik ↔ *bruchrechnen* | Sparbuch ↔ *haushalten* | Freude ↔ *frohlocken* | Flugzeug ↔ *bruchlanden* | Vollmondnacht ↔ *schlafwandeln* | Lösung ↔ *schlussfolgern* | Sommer ↔ *sonnenbaden* | Schmerzen ↔ *wehklagen* | Streitgespräch ↔ *widersprechen***

3 **Johann Wolfgang von Goethe**
1749 wird Goethe in Frankfurt geboren, wo er, von seiner Mutter wohlbehütet, aufwächst. In seiner frühen Kindheit lernt er bereits *Klavier spielen* **(R 4)**, im Schulalter kann er schon *meisterhaft dichten* **(R 2)**. Als junger Mann studiert er Jura in Leipzig und macht seine ersten Erfahrungen mit der Liebe. In dieser Zeit hat er Kätchen Schönkopf *kennengelernt/kennen gelernt* **(R 5)**, in die er sich verliebt und der er viele Liebesgedichte widmet. Doch es kommt zum Ende dieser romantischen Beziehung, woraufhin es mit seiner Gesundheit *bergab geht* **(R 3)**. Gesundheitlich angeschlagen kehrt er nach Frankfurt zurück.
Erst 1770, das heißt eineinhalb Jahre später, nimmt er sein Studium in Straßburg wieder auf und es beginnt eine fruchtbare Schaffensperiode. Doch auch diese Zeit ist von einer unglücklichen Liebe geprägt. Goethe muss erfahren, wie schwer es ist, in einem Zustand des Verliebtseins *ruhig zu bleiben* **(R 2)** und entgegen der Gefühlsmacht *logisch zu denken* **(R 2)**. So muss er mehrmals am Tag *spazieren gehen* **(R 5)**, um sich zu besänftigen. Das Tragische dieser Liebe ist, dass die Geliebte, Friederike Brion, einem anderen versprochen war. Seine Erfahrungen der Straßburger Zeit verarbeitet er in seinen Sesenheimer Liedern.

4
1. *Der Lehrer spricht eine nur schwer verständliche Sprache.*
2. *Betrunkene Autofahrer sind brandgefährlich.* (-brand- ist weder steiger- noch erweiterbar)
3. *Die Braut trägt ein blendend weißes Kleid.*
4. *Der Spieler war beim Elfmeterschießen schrecklich nervös.*
5. *Der Aberglaube ist in der Gesellschaft sehr weit verbreitet.*
6. *Das Bundesland Mecklenburg-Vorpommern ist für deutsche Verhältnisse ganz dünn besiedelt.*

5 Vorschläge: riesig groß, himmlisch gut/schön, mikroskopisch klein, verführerisch leicht/gut/schön

6

Z	G	K	F	D	Z	R	I	Z	O	Ü	H
L	G	D	I	M	N	V	Ö	U	L	H	K
V	S	A	N	S	T	E	L	L	E	J	L
N	Ö	J	F	I	T	A	S	I	N	A	J
F	G	H	R	J	K	F	R	E	X	U	Y
F	H	Ö	A	L	O	A	L	B	L	F	H
F	Z	U	G	R	U	N	D	E	K	G	L
G	D	V	E	L	H	S	A	S	Ö	R	L
A	U	F	S	E	I	T	E	N	L	U	Ä
L	F	S	F	J	T	A	G	Ö	K	N	G
K	I	N	M	I	T	T	E	N	Ö	D	F
S	G	H	J	K	L	T	W	E	T	Z	E

7 → *Unser Lehrer ist ein schrecklicher Besserwisser. Deshalb darf man sein Wissen niemals infrage stellen.* | → *Kamala ist ein Mädchen, das unter Wölfen groß geworden ist. Deshalb fühlt sie sich inmitten ihres Rudels am wohlsten.* | → *Mein Onkel ist ein Trinker. Er wird an seiner Sucht noch zugrunde gehen.* | → *Mathematik interessiert mich nicht. Ich beteilige mich nur meinem Lehrer zuliebe am Unterricht.*

8 Lösungswort: ZUSAMMEN

9 **Wolfskinder**
Im Jahre 1920 ging in einem kleinen indischen Dorf das Gerücht um, dass es irgendwo in der Nähe des Dorfes spuke. Ein Geistlicher versuchte, dem Rätsel auf die Spur zu kommen. Er folgte eines Nachts den Geräuschen aus dem Wald, die auf ihn schrecklich wirkten. Zuerst konnte er in der Dunkelheit nichts erkennen. Bei der Quelle des Spuks angelangt, erkannte er zwei erwachsene und zwei junge Wölfe. Außerdem nahm er in der Dunkelheit zwei schrecklich aussehende menschliche Wesen wahr. Diese seltsame Familie schien eng beieinander zu liegen. Ohne Skrupel wurden die Wölfe sofort erschossen, die menschlichen Wesen wurden in das Dorf gebracht. Es handelte sich um zwei Mädchen, deren Alter auf acht beziehungsweise anderthalb Jahre geschätzt wurde. Der Geistliche nahm die beiden Kinder daraufhin mit und versuchte, sie allmählich an ein Leben in menschlicher Gesellschaft zu gewöhnen.

4. Fremdwörter

1 *T-Shirt, Pink, Sweatshirt, Jeans, Shampoo, Haarspray, Joystick, Computer, Slipper, Lolli, shoppen.*

2 **Shareholder, lifestyle, generation, cool, pages, home, (to) shop, up to date**

3 alt: Aktionär, Lebensart, Lutscher, Sweatshirt, Baby, Pampers, Shampoo, Babysitter, sprayen, Pullover, T-Shirt neu: Lolli, Slipper, up to date, cool, Lifestyle, Computer, Joystick, surfen, Homepage, shoppen, Internet, Shareholder, Slip
Slip hat viele Bedeutungen, unter anderem *Zettel, Ausrutscher, Patzer, Unterrock; Unterhosen* sind *pants* oder *knickers.* Und *to pamper* heißt auf Deutsch *verwöhnen* oder *verhätscheln.*

4 Restaurants, engagiert, Niveau, Fritteuse, Nugat, Orangen, Portemonnaie, Coupon, Mayonnaise, Toilette, Jalousie, Parfüm

6 **Ins - tal - la - teur, Oran - ge, Sau - ci - e - re, Chan - ce, Res - tau - rant, En - ga - ge - ment, Toi - let - te, Ja - lou - sie, Par - füm, Nu - gat - cre - me**

7 Die Reform der Orthografie wurde in einer Expertenkommission zehn Jahre lang, von der Öffentlichkeit weitgehend unbeachtet, diskutiert. Von der konsequenten Kleinschreibung bis zu restaurativen Regeln aus dem 19. Jahrhundert stand alles zur wissenschaftlichen Disposition.

8 a) 1. Konsequenzen, 2. Majorität, 3. kapieren, 4. Laureat, 5. Autor, 6. Anti-, 7. Referendum, 8. Skalpell, 9. demonstrieren, 10. Resultat, 11. Reform, 12. Applaus

b) reformieren, demonstrieren, resultieren, applaudieren

9 Reform, Skalpell, Applaus, Autor

10 Biologie, Biologe, Biograf, Biografie, Telegraf, Telegrafie, Teleskop, Thermologie

11 *sympathischer* Mensch | *sinfonisches* Konzert | *mathematische* Lösung | *theatralischer* Auftritt | *telefonisches* Gespräch | *chaotisches* Zimmer | *pädagogisches* Spiel | *katastrophales* Unwetter | *skandalöse* Fernsehsendung | *hektische Eile* (Ganze Sätze musst du selbst bilden.)

12 **Tragödie, Drama, pädagogisch, katastrophal, Chaos, Dialekt, Gynäkologe, Thermostat, Krise, Arthritis**

13 Lückentext: *Joghurt, Tomaten, Spaghetti, Kiosken, Dönerkebab, unkoscher*
Outlandish: *Tollpatsch, Zaziki, Kartoffel, Spaghetti, Kiosk, Amok, Tomate, Kebab*

14 1. Tohuwabohu, 2. Wok, 3. Sushi, 4. vermasseln, 5. Joghurt, 6. Spaghetti, 7. Tollpatsch, 8. Kiosk, 9. Zaziki, 10. Dönerkebab

15 Spaghetti, Tollpatsch, Joghurt

5. Gleich und ähnlich klingende Laute

1 1. Das war das Höchste, was er erreichen konnte. | 2. Bertolt Brecht sagte einmal, dass das Land unglücklich sei, das Helden nötig habe. | 3. Das ist ja wohl das Letzte! | 4. Dass du mir geholfen hast, das werde ich dir nie vergessen. | 5. Ich dachte mir schon, dass das schiefgeht. | 6. Nur das Tun beweist, dass man etwas kann.

2 *→ Er hasst, dass er warten muss.* | *→ Das Mädchen, das feuerrote Haare hat, gefällt mir. / Das Mädchen, das mir gefällt, hat feuerrote Haare.* | *→ Ich verstehe nicht, dass du immer so ein Miesepeter bist.* | *→ Das schönste Gebäude in der Straße ist das Haus, das total schief ist. / Das Haus, das das schönste Gebäude in der Straße ist, ist total schief.* | *→ Er hat schon so viele Bücher gelesen, dass er sich für einen wahren Schlauberger hält.* | *→ Dass er schon wieder im Unterricht eingeschlafen ist, kann doch wohl nicht wahr sein. /Das kann doch wohl nicht wahr sein, dass er schon wieder im Unterricht eingeschlafen ist.*

Lösungen

3

	1			2			3	G	4	5	A	6	7	B
8	V	E	R	G	E	S	S	E	N		P	M	9	O
10	E	S	S	I	G		T	F	11	12	P	A	S	S
13	R	O	S	E	14	G	R	Ä	S	S	L	I	C	H
15	F	L	O	ß	16	M	A	ß		C	A	S	H	A
17	A	U	ß	E	N	18	ß	19		H	U	20	L	F
A	S	S	21	N	I		E	22	D	I	S	P	U	T
23	S	24	B	25	E	26	N	A	S	E		R	S	
B	E	W	E	I	S	27	B	L	O	ß		E	S	28
29	N	Ü	S	S	E		A	S		E		I		F
30		S	E	A	L		H	O	31	N	Ä	S	S	E
		T	N	R	N		N					E		S

4

Verb	3. Pers. Sing. Präsens	1. Pers. Sing. Präteritum	Partizip Perfekt	verwandtes Nomen	verwandtes Adjektiv
lassen	***lässt***	***ließ***	***gelassen***	***Anlass …***	***nachlässig …***
fließen	***fließt***	***floss***	***geflossen***	***Fluss, Floß …***	***flüssig …***
wissen	***weiß***	***wusste***	***gewusst***	***Wissen, Bewusstsein …***	***wissbegierig …***
essen	***isst***	***aß***	***gegessen***	***Esskultur, Mitesser …***	***esslustig …***
genießen	***genießt***	***genoss***	***genossen***	***Genießer, Genuss …***	***genießerisch …***
beißen	***beißt***	***biss***	***gebissen***	***Biss, Beißkorb …***	***bissig …***

5 **Wer wars?**

Geboren wurde er am 30.3.1853 in einem kleinen ***holländischen*** Dorf. Er war eher ein verschlossenes Kind, ging gerne spazieren und interessierte sich für Pflanzen und Tiere. In der Schule war er mittelmäßig und ***unauffällig.*** Mit 15 Jahren verließ er die Schule. Seine Zukunft schien vorgezeichnet zu sein. Ein Onkel vermittelte dem Jungen eine Stelle als ***Verkäufer*** bei einem Kunsthändler in Den Haag.
Im Laufe seines weiteren Lebens war die Beziehung zu seinem jüngeren Bruder besonders wichtig. Vor allem der rege Briefwechsel mit seinem Bruder ***verrät*** viel über ihr Leben. Zunächst gefiel dem jungen Mann seine Arbeit. Seinem Bruder berichtete er ***überschwänglich,*** dass Kunsthandel ein wunderbares Geschäft sei. Das ist umso erstaunlicher, da er den Kunsthandel später ***verabscheute*** und als Schwindel bezeichnete. Er arbeitete eine Zeit lang in London, verliebte sich dort in die Tochter der Zimmerwirtin, erlebte aber eine bittere ***Enttäuschung***.
Schließlich wurde er nach Paris versetzt, kündigte aber bald seine Stellung. Er fuhr wieder nach England und arbeitete dort als Lehrer. Doch das ***währte*** nicht lange, denn er war sich unsicher, wie sein Leben weitergehen sollte. Er fühlte sich nun zum Priester berufen und begann, Theologie zu studieren. Als er 1878 durch die Prüfung gefallen war, ging er als Laienprediger in das belgische Bergbaugebiet Borinage, wo er seine wahre Leidenschaft entdeckte: Er fing an, ***regelmäßig*** zu zeichnen und zu malen.

6 Leuchte | Gebäude – bauen | schämen – Scham | schäumen – Schaum | Scheu | rächen – Rache | Rechen | Reue | Räder – Rad | Schläge – schlagen | Schläue – schlau | heute | Häute – Haut | Nächte – Nacht | freuen | Beute | Bäuche – Bauch …

Zu Aufgabe 5 und Diktat: Der Name des Künstlers ist Vincent van Gogh.

7

E	N	T	G	E	G	N	E	N			
			E	N	D	G	Ü	L	T	I	G
		E	N	T	H	Ü	L	L	E	N	
	E	N	T	L	A	S	S	E	N		
E	N	D	L	O	S						
E	N	T	S	C	H	L	U	S	S		
	E	N	T	K	L	E	I	D	E	N	
				E	N	D	S	P	I	E	L
			E	N	T	W	U	R	F		

8 **Wörter mit ent/Ent:** enttäuschen, entspannt, Entgelt, Entscheidung, entfernen, entgegen, Entzündung, entbehren, entsagen, Entschuldigung
Wörter mit end/End: Endlichkeit, Endergebnis, Endeffekt, Endspurt, Endsilbe, Endreim, Endrunde, Endlager

9 **Vielmännerei**

In unserer Gesellschaft scheint es eine unwiderlegliche Tatsache zu sein, dass eine Ehe von zwei Menschen geschlossen wird. Im fernen Nepal widerspricht das den Gewohnheiten des Stammes der Nyinba. Wenn im Tal der Nyinba eine Hochzeit arrangiert wird, dann vermählt sich eine Frau nicht nur unwiderruflich mit einem Mann, sondern sie heiratet zugleich alle seine Brüder. In dieser Tradition spiegelt sich die wirtschaftliche Situation dieses Volkes wider. In der kargen Landschaft kann ein Mann allein keine ganze Familie ernähren. Eine Hochzeit ist für den Vater der Männer eine sehr teure Angelegenheit, die ihn wider besseres Wissen an den Rand des Ruins treiben kann. Widerwillig lässt er sich auf der Familienkonferenz darauf ein, eine bestimmte Anzahl an Yaks oder an Hektar Land abzugeben, um danach seinen Reichtum wieder aufzubauen.
Diese Ehen sind jedoch nicht frei von Eifersucht. Immer wieder betrachten sich die Brüder als Widersacher. Als es zum wiederholten Male zu Streit gekommen war, gab eine junge Frau gegenüber einer europäischen Besucherin zu, dass es ein echtes Problem sei, bei wem sie schlafen soll. Aber sie entwickelte ihre eigene Strategie, um dieses Problem zu entschärfen: „Zeige ich mich einem meiner Männer gegenüber widerborstig oder gar widerspenstig, achte ich darauf, dass er mehr zu essen bekommt. So wird die Harmonie wiederhergestellt."

10 **Wörter mit wieder:** Wiederbeginn, Wiedervereinigung, wiedererobern, wiederkäuen, wiederherstellen, wiedergeben, Wiederwahl
Wörter mit wider: Widerhaken, widerlich, widerrufen, widerfahren, Widerstand, widerwärtig, Widerwort

Lösungen

11 ***Liebe Mama, lieber Papa,***
ihr ***seid*** *mir doch bestimmt nicht böse, dass ich heute mal wieder die Schule geschwänzt habe, oder?* ***Seit*** *ich nicht mehr so oft in die Schule gehe, sind meine Noten viel besser geworden. Das ist ein Prozess, den ich schon seit langem beobachte. Seid ihr nicht auch froh, dass ich jetzt viel ausgeglichener bin? Denn* ***seit*** *ich mir auch mal eine Pause von der Schule gönne, stehe ich einfach seltener unter Strom. Ihr* ***seid*** *doch auch mal jung gewesen und ahnungslos an die Tafel gerufen worden, wo ihr vor Scham beinahe umgekommen seid?*
Ich rechne jetzt fest damit, dass ihr mittlerweile vernünftig ***seid*** *und euch wie „echte" Erwachsene verhaltet.* ***Seit*** *kurzem fragen die Lehrer nämlich häufiger bei mir nach, wann ich endlich die versprochenen Entschuldigungen bringe. Und ihr* ***seid*** *doch bestimmt auch nicht so scharf darauf, dass ich Ärger bekomme? Wir kennen uns ja nun schon* ***seit*** *Jahren und immer seid ihr verständnisvoll gewesen.*
Für den Fall, dass ihr wider Erwarten doch wütend seid, bin ich zu meinem Freund Patrick gegangen. Ich will euch etwas Zeit geben, sodass ihr in der Lage ***seid****, in Ruhe über alles nachzudenken.*
Bis bald, euer Kai
PS: Außerdem ***seid*** *ihr ja Zeugen, dass ich viel weniger Rechtschreibfehler mache,* ***seitdem*** *ich die Schule nicht mehr so verbissen sehe.*

12 **1.** Seit ihr nicht mehr hier seid, ist es ganz schön langweilig geworden. | **2.** Seid ihr schon seit langem hier? | **3.** Ihr wollt mir also allen Ernstes erzählen, dass ihr schon seit Stunden fleißig seid? | **4.** Ihr seid ja schon müde, seit ihr hier seid.

13 **Wörter mit ei:** meistens, Leiche, heilen, leise, bleiben, Reim, Feier, Wein
Wörter mit ai: Saite, Laib, Kaiser, Waise, laichen
Fremdwörter: Training, Aids, Saison, Detail, naiv, fair, Medaille, Taille

14 **Wörter mit ei:** Schreibweise, Rückseite, begreiflicherweise, Seitenausgang, Volksweise, seitenlang, Leibgarde, Buchseite, seitenverkehrt, Leibeigene, leibhaftig
Wörter mit ai: Waisenrente, Violinsaite, Brotlaib, Waisenhaus, Saiteninstrument, Vollwaise, Waisenkind

15

14	H	15	S		3 4	E	17	F	L	E	I	ß	16	
M	Ä	R	C	H	E	N	1 2	S	C	H	L	U	S	S
11	S	C	H	Ä	N	D	L	I	C	H		18	E	
12	S		L	13	T	R	E	I	B	H	A	U	S	20
7 8	L	9	I	5 6	B	E	I	ß	E	N	23	N	S	K
W	I	D	E	R	L	I	C	H	19	Ä	R	G	E	R
I	C	E	ß	Ä	Ö	M	H	21		24	Ä	E	L	E
D	H	U	E	U	ß		T	T		A	U	S	25	I
E		T	N	M	E	29		R		S	B	E	E	S
R	10	L	22	E	N	T	R	Ä	T	S	E	L	N	26
S	E	I	L			A		U			R	L	D	F
T	31	C	H	A	O	S	30	M	A	I	28	I	L	A
A		H	32	H	A	S	S	E	N		H	G	I	S
N	33	34	L	E	I	E	R	N			A		C	S
D	Ä	M	M	E	R	N		27	R	E	I	C	H	

16 **Rollerblades sind klasse, aber wie kann man mit ihnen bremsen?**
Seit es Rollerblades, eine zeitgemäße Form der Rollschuhe, gibt, wird diese neue Freizeitbeschäftigung von immer mehr Menschen entdeckt. Doch seid ihr nicht auch schon einmal dem abscheulichen Problem begegnet, wie ihr am Ende eines Gefälles wieder zum Stehen kommt, und habt um Leib und Leben gefürchtet? Da hilft es bisweilen auch wenig, dass man mit all den Arm- und Beinschonern wie eine aus dem Zoo entlaufene Panzerechse aussieht.
Das Bremsen ist also äußerst wichtig. Will man das teuflisch hohe Tempo, das man zeitweise erreicht, drosseln, so muss man den Schuh, an dem der Stopper ist, nach vorne und die Fußspitze nach oben ziehen. Geht man in die Knie, erhöht sich der Bremsdruck zusätzlich.
Manche haben es allerdings gar nicht so eilig, das Bremsen zu lernen. Denn ist es nicht auch unwiderstehlich, einem gut aussehenden Jungen oder Mädchen hilflos entgegenzufliegen und endlich in seinen beziehungsweise ihren rettenden Armen zu landen?

6. Worttrennung

1

Definition	Fremdwort	Silbentrennung
sich regelmäßig wiederholender Ablauf:	***Zyklus***	***Zyk - lus, Zy - klus***
Körper, der eisenhaltige Stoffe anzieht:	***Magnet***	***Mag - net, Ma - gnet***
Gesamtheit der Fabrikbetriebe:	***Industrie***	***In - dus - trie, In - du - strie***
Kennziffer für Zeitungsanzeigen:	***Chiffre***	***Chiff - re, Chif - fre***
geistreiche Verspottung:	***Persiflage***	***Per - sif - la - ge, Per - si - fla - ge***

2 a-sozial, a-typisch, Des-interesse, Pro-gramm, syn-chron, ir-real, in-offiziell

3 ***die Weste → Wes-te*** | ***die Gäste → die Gäs-te*** | ***die Liste → die Lis-te*** | ***die List → die List*** | ***die Geste → die Ges-te*** | ***das Gesteck → das Ge-steck*** *(wenn du dich hier geirrt hast, dann sprich das Wort noch einmal ganz langsam, dann erkennst du die Sprechsilben)* | ***gestern → ges-tern*** | ***die Kosten → die Kos-ten***

4 Gas-tank, Beweis-stück, Rast stätte, Verlust-geschäft, Haus-tür, Gast-spiel

5 **Lehrer vergessen**
Auf der Rück-fahrt von ei-ner Klas-sen-fahrt hat ei-ne Schü-ler-grup-pe den Leh-rer an ei-ner Rast-stät-te ver-ges-sen. Der Pä-da-go-ge hat-te sich zu dem von ihm an-ge-ge-be-nen Ab-fahrts-ter-min noch in der Gast-stät-te auf-ge-hal-ten. Von der Haus-tür des Ge-bäu-des aus sah er noch den ab-fah-ren-den Rei-se-bus. Die Schü-ler be-merk-ten den Ver-lust al-ler-dings nicht.
Um sich zu trös-ten, kehr-te der Leh-rer in die Gast-stät-te zu-rück, wo er ein Würst-chen zu sich nahm. Lei-der hat-te er sei-nen Geld-beu-tel in dem Bus ver-ges-sen. So kam es auch noch zum Zwist mit dem Kas-sie-rer.
Schließ-lich muss-te die Po-li-zei den Fall auf-neh-men. Die Be-am-ten ver-folg-ten an-schlie-ßend mit dem Leh-rer die Schü-ler-grup-pe.

Inhalt der Audio-CD (einzelne Titel):

Die Einzeltitel werden zuerst im Ganzen gesprochen, danach in **Diktierabschnitten.**

1. Einführungstext

2. Unsere neue Mediothek, S. 19
3. Unsere neue Mediothek

4. Die erste Probe, S. 25
5. Die erste Probe

6. Im Freizeitpark, S. 31
7. Im Freizeitpark

8. Bauamt des Landkreises, S. 39
9. Bauamt des Landkreises

10. In letzter Minute, S. 45
11. In letzter Minute

12. Urlaubsgrüße, S. 53
13. Urlaubsgrüße

14. Erich Kästner, S. 59
15. Erich Kästner

16. Parole Emil, S. 65
17. Parole Emil

18. Moderne Zeiten!, S. 69
19. Moderne Zeiten!

20. Was für ein Piratenleben!, S. 79
21. Was für ein Piratenleben!

22. Von Krähen und Ähren, S. 83
23. Von Krähen und Ähren

24. Popband, S. 89
25. Popband